DES CONDITIONS REQUISES

POUR QUE LA TRADITION SOIT TRANSLATIVE DE LA PROPRIÉTÉ

En droit Romain

ET

DES DONS MANUELS

En droit Français

THÈSE POUR LE DOCTORAT

SOUTENUE

Devant la Faculté de Droit de Lyon le 9 Juillet 1881

PAR

L. DUMONT

Avocat

MACON,

IMPRIMERIE PROTAT FRÈRES

1881

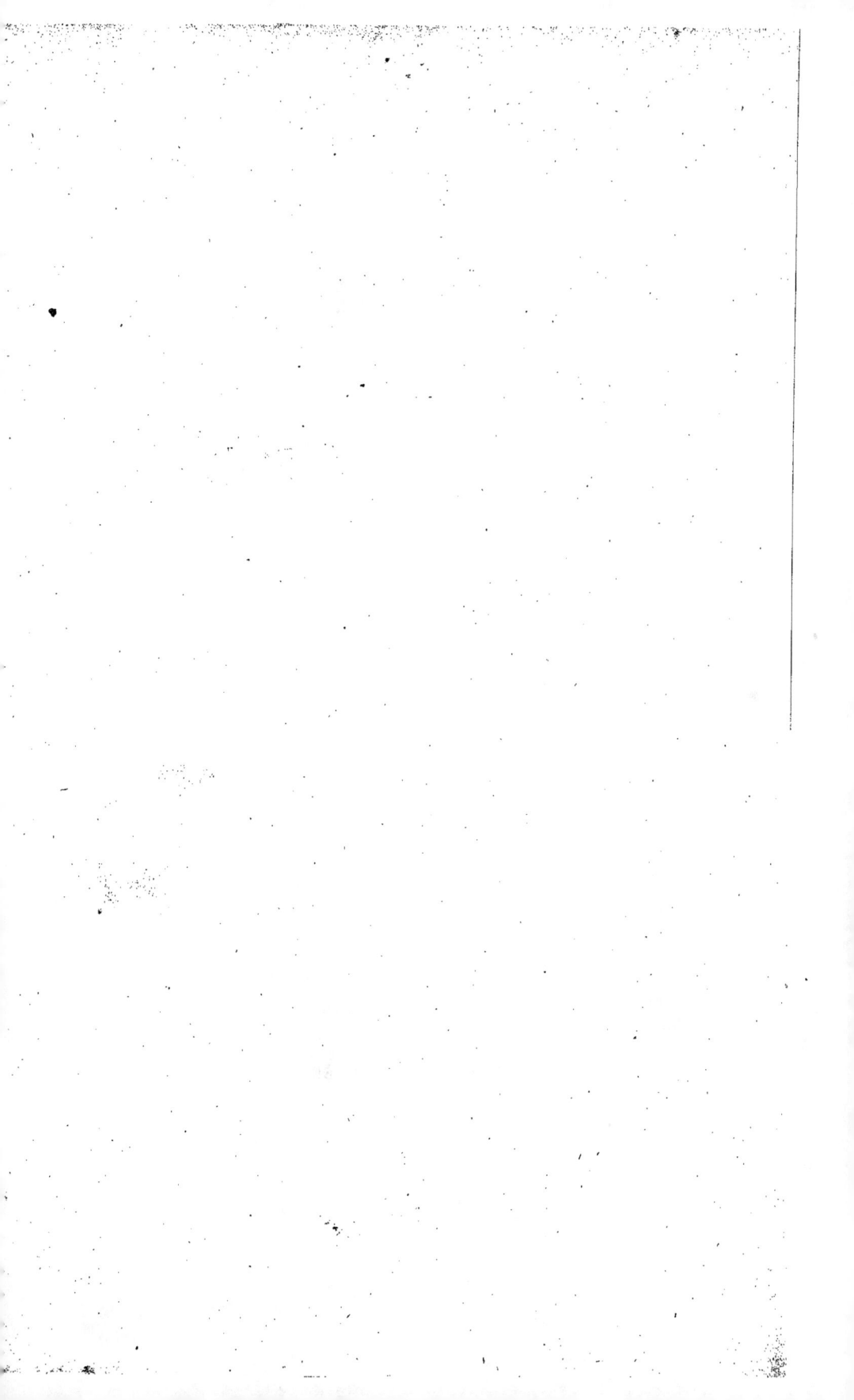

THÈSE

POUR LE DOCTORAT

SOUTENUE

DEVANT LA FACULTÉ DE DROIT DE LYON

Le 9 juillet 1881

PAR

L. DUMONT

MACON,

IMPRIMERIE PROTAT FRÈRES

—

1881

FACULTÉ DE DROIT DE LYON

MM. CAILLEMER, ✳, doyen, professeur de Code civil.

MABIRE, professeur de Code civil.

GARRAUD, professeur de Droit criminel.

APPLETON, professeur de Droit romain.

FLURER, professeur de Droit civil.

THALLER, professeur de Droit commercial.

ROUGIER, professeur d'Economie politique.

ENOU, professeur de Droit administratif.

AUDIBERT, agrégé, chargé du cours de Droit romain.

HANOTEAU, agrégé, chargé du cours de Procédure civile.

COHENDY, agrégé, chargé du cours de Législation industrielle.

LESEUR, agrégé, chargé du cours d'histoire générale du Droit français.

SAUZET, agrégé, chargé des Conférences de quatrième année.

BECQ, secrétaire, agent comptable.

MM. CAILLEMER, ✳, *Président.*

GARRAUD,

APPLETON,

THALLER, *Suffragants.*

COHENDY,

THÈSE DE DROIT ROMAIN

DES CONDITIONS REQUISES

POUR QUE LA TRADITION

SOIT TRANSLATIVE DE LA PROPRIÉTÉ

I

Importance croissante de la tradition. — Elle devient le mode unique de transférer la propriété. — Conditions d'efficacité.

La tradition, c'est-à-dire la translation de la possession, devint progressivement à Rome le mode le plus usité de transférer la propriété et elle finit par se substituer complètement aux modes anciens, la *mancipatio* et la *cessio in jure*. Il y a lieu d'indiquer sommairement, au début de cette étude, les raisons et les phases de son développement.

Dans l'ancienne Rome, les principales richesses étaient la terre, les maisons, les esclaves, les animaux dont les forces pouvaient être utilisées pour les travaux agricoles. Il fallait, pour en transférer la propriété, employer la *mancipatio* ou la *cessio in jure*. Ces biens constituaient les *res mancipi*. Les autres biens étaient alors d'une valeur moindre ; on n'était pas astreint pour en transférer la propriété à employer les formalités légales de la mancipation. C'étaient les choses *nec mancipi*. Il suffisait, pour les aliéner, d'en opérer la remise entre les mains de l'acquéreur. « *Traditio propria est alienatio rerum nec mancipi.* » (Ulp. R. 19, 7.)

Aussi longtemps que la catégorie des *res nec mancipi* comprit seulement des biens d'une valeur relativement peu importante, il est probable qu'on ne se préoccupa guère de déterminer les conditions de validité et d'efficacité de la tradition, et il est permis de croire avec M. H. S. Maine (Ancien Droit, p. 264) que, contrairement à l'opinion des jurisconsultes romains, la tradition est une institution juridique moins ancienne que la mancipation.

L'accroissement rapide de là richesse publique augmenta considérablement le nombre et l'importance des *res nec mancipi*; car la liste des *res mancipi* resta close. Il y eut désormais, parmi les choses qui pouvaient être aliénées sans les formalités de la mancipation, des immeubles, les fonds provinciaux, et des meubles d'une valeur bien supérieure à celle des animaux domestiques qui constituaient une des principales richesses du petit propriétaire de l'ancienne Rome. Il en résulta que la tradition, qui servait à transférer la propriété de ces biens nouveaux, prit une importance croissante. Cette importance était encore augmentée par le nombre de plus en plus grand des étrangers résidant sur le territoire romain. Ces étrangers ne pouvaient figurer ni dans une *mancipatio*, ni dans une *cessio in jure*; la tradition seule pouvait être employée par eux. La jurisprudence dut, en conséquence, déterminer les conditions dans lesquelles devait s'opérer la tradition pour être efficace.

A mesure que les affaires devenaient plus nombreuses, les formalités anciennes de la *mancipatio* et de la *cessio in jure* parurent plus gênantes, la rapidité et la simplicité de la tradition plus commodes. On fut amené à appliquer ce mode de transfert même aux *res mancipi*. Le *tradens* conservait alors la propriété quiritaire, mais le droit de l'acquéreur était sauvegardé par le préteur au moyen de l'exception de dol et de l'exception *rei venditæ et traditæ*. La création de l'action publicienne acheva de constituer ce qu'on a appelé le domaine *bonitaire*, qui était en réalité un droit de propriété complet. Celui qui n'avait conservé sur une *res mancipi* que le domaine quiritaire n'avait plus qu'un droit inefficace, dont le nom même fut effacé par Justinien. Avec ce souvenir du droit ancien disparurent la mancipation et la cession *in jure*. La tradition leur fut entièrement substituée et devint le mode général de transfert.

Les conditions requises pour que la tradition fût translative de la propriété pouvaient se ramener à trois : la remise de la possession, le consentement des parties, l'existence au profit du *tradens* du droit de propriété.

II

Remise de la possession. — De quels faits elle résulte. —
Hypothèses examinées par les jurisconsultes romains.
— Remise des clefs, constitution d'un gardien, marque,
remise du titre. — Tradition des immeubles. — Tradition
brevi manu. — Constitut possessoire.

La question de savoir si la possession a été ou non transférée, c'est-à-
dire si la chose a été ou non mise à la disposition de l'acquéreur, est une
pure question de fait. Les faits dont peut résulter la translation de la possession sont d'une variété infinie ; il est impossible, en conséquence, d'en
faire une énumération complète ; mais il peut être intéressant d'examiner,
avec les jurisconsultes romains, quelques-unes des hypothèses qui se présentent fréquemment dans la pratique, de rappeler les solutions qu'ils
leur ont appliquées et les considérations sur lesquelles ils ont appuyé
leurs décisions.

Les jurisconsultes romains paraissent avoir pris pour type des faits
translatifs de la possession la remise manuelle de la chose ; ils semblent
chercher quelque chose d'analogue à l'appréhension manuelle dans toutes
les hypothèses de fait où ils admettent que la possession a été transférée.
S'agit-il de choses dont la dimension et le poids rendent la remise manuelle
impossible, par exemple de colonnes, Paul nous dit que la tradition
n'en est pas moins possible et qu'il faut la tenir pour opérée lorsque les
deux parties ont consenti en présence de la chose. En effet, dit-il, il n'est
pas nécessaire que la possession soit appréhendée *corpore et tactu ;* elle
peut l'être aussi *oculis et affectu* (L. 1, 21, D. *De acquir. vel amitt. poss.,*
41, 2). Si un simple regard de l'*accipiens* suffit pour qu'il y ait appréhension valable quant aux choses qui ne peuvent être remises de la main à la
main, pourquoi ne suffirait-il pas, lorsque la chose est susceptible de tradition manuelle, lorsque c'est, par exemple, de l'argent ? Aussi Javolenus
décide-t-il (L. 79, D. *De solutionibus*, 46, 3) que, lorsque le débiteur
dépose sous les yeux de son créancier et par son ordre l'argent qu'il lui
doit, il est aussitôt libéré, les espèces devenant immédiatement la propriété du créancier. On doit estimer, dit le jurisconsulte, que la tradition
s'est opérée comme par une longue main. La raison véritable de la décision

donnée est, du reste, indiquée au texte ; c'est que la possession des espèces n'étant plus détenue par le débiteur, il n'y a aucun obstacle à ce que le créancier qui a cet argent à sa portée en puisse disposer librement. Cette raison justifie pleinement la solution donnée, mais Javolenus, poussé par le désir de compléter l'analogie de l'hypothèse qu'il examine avec celle de la remise manuelle, nous dit que la tradition doit être estimée avoir été opérée comme par une longue main.

L'hypothèse de la tradition des marchandises par la remise des clefs du bâtiment où elles sont enfermées, est traitée plusieurs fois dans les textes que nous possédons. Papinien (L. 74, D. *De contrahendâ emptione*, 18, 1) décide que l'acheteur acquiert, au moment même où il reçoit du vendeur les clefs du magasin, la possession et la propriété des marchandises qui y sont enfermées, et cela sans qu'il ait besoin d'ouvrir le magasin. L'appréhension *oculis* ne paraît donc pas nécessaire à Papinien, en ce sens que la vue des marchandises ne lui semble pas une condition indispensable de la prise de possession ; cependant il exige que la remise des clefs ait lieu à proximité du magasin, *apud horrea;* il faut au moins, suivant lui, que l'acheteur ait eu à ce moment la possibilité d'entrer dans le bâtiment, de toucher et de voir les marchandises. Cette exigence s'explique, comme la fiction de l'appréhension *oculis* ou *longâ manu*, par le désir de trouver dans toute prise de possession une analogie avec la tradition manuelle, un acte matériel d'appréhension imaginé ou seulement possible, mais elle est peut être assez difficilement justifiable. Que l'acheteur soit loin ou près du magasin lorsqu'il reçoit les clefs, il n'en a pas moins, dès ce moment, les marchandises à sa disposition exclusive ; le vendeur n'en a plus la possession et la lui a bien effectivement remise. La nécessité, pour opérer une tradition efficace, de faire la remise des clefs à proximité du magasin a-t-elle été reconnue par tous les juriconsultes romains? Gaius (L. 9, 6, *De acquir. rerum dominio*, 41, 1) décide que la remise des clefs emporte tradition des marchandises, mais il ne dit pas que cette remise doive avoir lieu à proximité du magasin. Paul (L. 1, 21, D. *De acquir. vel amitt. poss.*, 41, 2) décide que la remise à l'acheteur des clefs de la cave emporte tradition du vin qui y est enfermé. Dans une phrase précédente, lorsqu'il parle de la tradition des objets que leur volume et leur poids rendent non susceptibles d'une remise manuelle, il nous dit que la prise de possession peut s'opérer *oculis et affectu*, par le seul consentement des parties manifesté en présence de la chose, *in præsenti re;* mais rien ne prouve qu'il ait aussi entendu que la remise des clefs dût avoir lieu *in præsenti re*. Il y a, en effet, une grande différence entre les deux hypothèses, puisque dans la première il n'y a qu'un échange de consentement, et que dans la seconde un fait matériel, la remise des clefs, accuse et emporte la dépossession du vendeur au profit de l'acheteur. Justinien (45, I. *De divisione rerum*) parle aussi de la remise des clefs d'un grenier ; il copie Gaius, et il n'exige pas plus que lui, pour que cette remise emporte tradition, qu'elle ait lieu à proximité du magasin. Il est vrai que Théophile dit, dans sa paraphrase, que c'est là une condition nécessaire ; cependant cette opinion n'est formellement affirmée que par lui et par Papinien ; elle n'est, il est vrai, contredite expressément par aucun texte ; mais le seul silence de Gaius et de Paul peut permettre de penser qu'elle n'a pas été unanimement admise par les jurisconsultes romains [1]. Il y a, du reste, contradiction entre cette solution et celle donnée par Celse (L. 18, 2, D. *De acq. vel. amitt. poss.*, 41, 2), dans une hypothèse qui offre avec celle de la remise des clefs beaucoup d'analogie. Un acheteur a donné ordre à son vendeur de déposer dans sa maison l'objet qu'il a acheté. Au moment où la chose est remise à la maison de l'acheteur et avant même que personne ne l'ait touchée, dit Celse, la tradition s'est opérée. Cependant l'acheteur est supposé hors de son domicile ; il est, comme au cas où il reçoit les clefs d'un magasin dont il est éloigné, dans l'impossibilité de faire immédiatement aucun acte matériel d'appréhension ; mais dans l'une et dans l'autre hypothèse, il a immédiatement la chose à sa disposition puisqu'elle se trouve dans un lieu où il a seul la possibilité de pénétrer.

L'acheteur d'un tas de bois reçoit du vendeur sommation d'enlever ; il constitue un gardien. Dès ce moment il acquiert la possession, et on peut, selon Javolenus (L. 51, D. *De acquir. vel amitt. poss.*, 41, 2), estimer qu'il l'acquiert par la simple volonté, *animo ;* car, il n'est pas nécessaire, dit le jurisconsulte, qu'il accomplisse aucun acte matériel d'appréhension. Cette solution ne peut qu'être approuvée, mais la considération sur laquelle elle est appuyée peut être discutée. Il est clair, en effet, que la constitution d'un gardien enlève en fait au vendeur la disposition de la chose pour la donner à l'acheteur : l'appréhension de l'acheteur est donc bien effective et non pas seulement intentionnelle, comme le dit le jurisconsulte romain.

---

[1] Pothier mentionne l'exigence de Papinien et dit qu'il n'y a plus lieu d'en tenir compte dans les usages français. (*Contrat de vente*, 314.)

L'apposition de la marque ou du sceau de l'acheteur emporte-t-elle tradition? La question a, paraît-il, été controversée entre les jurisconsultes romains. Paul (L. 14, 1, D. *De periculo rei venditæ*, 18, 6) nous dit que l'acheteur prend possession de pièces de bois en les marquant. La marque d'un tonneau de vin en emportait tradition suivant Trebatius, mais Labeon était d'un avis contraire, et Ulpien (L. 1, 2, D. *De periculo rei venditæ*, 18, 6) se range à cette dernière opinion. Il est, dit-il, d'usage [de marquer les tonneaux, plutôt pour empêcher qu'ils ne soient confondus avec d'autres, que pour accuser une prise de possession. La vérité est que la marque est un fait équivoque; sa signification dépend de l'intention des parties et sa portée des circonstances de la cause. Si le tonneau de vin marqué reste dans la cave du vendeur, il demeure en fait à la disposition de celui-ci et n'est pas mis à celle de l'acheteur; il est difficile alors d'estimer qu'il y a eu tradition. La pièce de bois marquée peut être dans un endroit où l'acheteur a, comme le vendeur, un libre accès; on comprend alors que la marque puisse être une garantie de fait pour le droit de l'acquéreur, et la considérer comme une prise de possession. Il paraît, en conséquence, difficile de donner à la question une solution de principe; les circonstances et l'intention des parties doivent, dans chaque espèce, être prises en considération; aussi voyons-nous la jurisprudence moderne décider la question en fait, tantôt dans le sens de Paul, tantôt dans celui d'Ulpien (Besançon, 17 janvier 1865, D. P., 65, 2, 13; Besançon, 27 février 1865, D. P., 65, 2. 46).

Un rescrit de Sévère (L. 1, C. *De donationibus*, 8, 54) considère que la remise du titre constatant l'acquisition d'un esclave équivaut à la tradition de l'esclave lui-même et autorise, en conséquence, le donataire à qui le titre a été remis à agir *in rem* contre le donateur. Cette solution est difficilement conciliable avec la théorie générale du droit romain sur la transmission de la propriété et de la possession. Il semble bien, en effet, que la remise d'un titre de propriété ne saurait opérer tradition puisqu'elle ne met pas la chose à la disposition de l'acquéreur. Diverses explications de la décision dont s'agit ont été proposées. Les glossateurs admettaient que la remise des titres s'était faite en présence des esclaves (Maynz, I., n° 84, n. 30); cette circonstance impliquait la possibilité d'une appréhension *oculis et affectu*. Peut être voyait-on dans la remise des titres la preuve d'un constitut possessoire. Maynz (I., 84, n. 30) fait remarquer qu'il s'agit d'un rescrit adressé à un particulier, c'est-à-dire d'une solution d'espèce; les circonstances de fait étaient relatées dans la requête au bas de laquelle la décision de l'empereur a été écrite ; nous ne connaissons pas ces circonstances, et il nous est, partant, impossible d'apprécier la portée juridique de la décision citée au Code de Justinien. Comment, du reste, s'établissaient ces titres d'acquisition et quel était l'effet de leur possession ? Il serait possible que quelque usage particulier resté inconnu de nous justifiât la solution donnée par l'empereur Sévère, mais on ne peut, avec Pothier (*Traité du droit de propriété*, n° 201), voir dans la remise des titres une tradition symbolique des esclaves. Un titre de propriété n'est pas un symbole ; c'est une chose qui a une utilité réelle pour la conservation et la défense du droit de propriété, qui doit être remise au nouveau propriétaire par l'ancien, mais dont la tradition n'emporte pas tradition de la chose elle-même.

De quels faits résulte la tradition des immeubles ? L'acquéreur doit faire un acte matériel d'appréhension. Il n'est pas nécessaire cependant, dit Paul (L. 3, 1, D. *De acquir. vel amitt. poss.*, 41, 2), qu'il parcoure toute la surface du champ dont il entend prendre possession ; il suffit qu'il y entre avec la pensée de le posséder en entier. Celse (L. 18, 2, *eod. t.*) n'exige pas l'entrée dans le champ. L'acquéreur qui, du haut d'une tour lui appartenant, voit le champ que lui montre son vendeur et dont celui-ci dit lui transmettre la libre possession, commence tout aussi bien à posséder que s'il avait mis le pied dans le fonds qu'il vient d'acquérir. Nous retrouvons l'appréhension *oculis et affectu* dont la tradition des meubles nous a fourni plusieurs exemples. On met quelqu'un en possession, dit Venuleius (L. 52, 2, D. *De acquir. vel amitt. possess.*, 41, 2), en empêchant que violence ne lui soit faite lorsqu'il entre. Il suffit, en somme, que, se trouvant en présence du fonds, l'acquéreur soit autorisé par le vendeur à en disposer, pour que la tradition soit considérée par les jurisconsultes romains comme opérée à son profit.

« *Interdum etiam sine traditione nuda voluntas domini sufficit ad rem « transferendam. Veluti si rem quam commodavi aut locavi tibi, aut « apud te deposui, vendidero tibi : licet enim ex eâ causâ tibi eam non « tradiderim, eo tamen, quod patior, eam ex causâ emptionis apud te « esse, tuam efficio.* » Ce passage de Gaius (L. 9, 5, D. *De acquir. rerum dominio*, 41, 1) est reproduit dans les Institutes (44, *De divisione rerum*, 2, 1), et Justinien nous dit, comme Gaius, que, dans ce cas, la propriété est transférée sans tradition. Nous lisons dans d'autres textes (L. 9, 1, D. *De publicianâ actione*, 6, 2 ; — L. 62, pr. D. *De evictionibus*, 21, 2) que la tradition doit alors être tenue pour accomplie,

Le fait est que, dans l'hypothèse posée par Gaius, l'acheteur se trouve exactement dans la position où il se trouverait si le vendeur, détenteur de la chose vendue, lui en eût fait tradition au moment même de la vente ; il possède à titre de propriétaire et du consentement de l'ancien possesseur. Il est naturel, dès lors, de considérer la tradition comme accomplie. Les juristes du moyen âge ont imaginé une tradition feinte intervenant lors de la vente et l'ont appelée tradition *brevi manu*, parce que, disaient-ils, *nihil brevius hac traditione* (Pothier. *Vente*, n° 313). C'est là une fiction inutile et une idée inexacte ; la tradition a été réellement opérée ; il suffit de la constater et il n'est nul besoin de la feindre.

L'hypothèse inverse de la précédente a été également étudiée par les jurisconsultes romains et a donné lieu à ce qu'on a appelé depuis le *constitut possessoire*. Le vendeur peut garder à titre de bail ou de commodat la chose vendue ; au lieu de posséder comme propriétaire, il possède dès lors pour l'acheteur. C'est ce que nous dit Celse (L. 18, pr. D. *De acquir. vel amitt. poss.*, 41, 2) : « *Quod meo nomine possideo, possum alieno « nomine possidere : nec enim muto mihi causam possessionis, sed desino « possidere, et alium possessorem ministerio meo facio ; nec idem est, « possidere, et alieno nomine possidere. Nam possidet, cujus nomine « possidetur. Procurator alienæ possessioni præstat ministerium.* » Dans cette hypothèse, comme dans la précédente, les parties se trouvent, par suite du double contrat qu'elles ont consenti, dans la même situation que si l'acheteur, après avoir appréhendé la chose, l'avait remise au vendeur à titre de bail ou de commodat. Il faut donc considérer la tradition comme effectuée et la propriété comme transférée, sans qu'il soit besoin de rien de plus. C'est ce que décident deux constitutions, l'une d'Honorius et de Théodose (L. 28, C. *De donationibus*, 8, 54), l'autre de Justinien (L. 35, C. *eod. t.*), déclarant que la rétention de l'usufruit par le donateur équivaut à la tradition. La même considération inspire Paul et Gaius lorsqu'ils nous disent (L. 1, 1 ; L. 2, D. *Pro socio.*, 17, 2) qu'il n'est pas besoin d'une tradition formelle pour que les choses appartenant à celui qui entre dans une société de tous biens deviennent aussitôt communes à tous les associés, et que le contrat de société implique alors une tradition tacite. Dès le moment, en effet, où la société est formée, l'associé possède pour ses associés en même temps que pour lui, et tout autre acte de tradition est superflu puisque la situation est immédiatement la même que si les autres associés avaient appréhendé la chose, pour la remettre ensuite, à titre de bien commun, à celui qui la possédait à titre de propriétaire exclusif avant la formation de la société.

III

**Consentement. — Erreur sur l'objet. — Erreur sur le point
de savoir qui était, avant la tradition, propriétaire de
l'objet. — Dol. — Violence. — Erreur sur la cause de la
tradition. — Cause illicite. — Tradition par représentants.**

La tradition n'est translative de propriété qu'autant que les parties sont
d'accord, en l'opérant, pour y attacher cette signification ; le *tradens* et
l'*accipiens* doivent consentir, l'un à transférer, l'autre à acquérir la propriété de la chose dont tradition est faite. « *In omnibus rebus quæ domi-*
« *nium transferunt, concurrat opportet affectus ex utrâque parte contra-*
« *hentium.* » (L. 55, D. *De oblig. et act.*, 44, 7). Il y a donc lieu d'examiner les conditions d'existence et de validité du consentement.

Les parties doivent, en opérant la tradition, avoir en vue la même
chose, celle-là précisément dont la possession est transmise dans le but
d'en transférer la propriété. Tout dissentiment sur ce point empêche la
tradition d'être efficace. Ainsi, lorsque le *tradens* a en vue un immeuble,
le fond Cornélien, et l'*accipiens* un autre immeuble, le fonds Sempronien,
ce dernier n'acquiert ni la propriété ni même la possession de l'immeuble
dont tradition lui est faite. C'est ce que décide Ulpien (L. 34, D. *De
acquir. vel amitt. poss.*, 41, 2), après avoir écarté l'hypothèse où le
dissentiment ne porterait que sur le nom même de l'immeuble. Ce jurisconsulte indique cependant la question comme pouvant être discutée. Il
raisonne dans l'hypothèse où l'erreur est du côté de l'*accipiens* ; le
tradens, lui, avait bien en vue le fonds Cornélien. Ne pourrait-on
pas dire que l'intention seule étant suffisante pour faire perdre la possession de droit à celui qui n'a plus la possession de fait, c'est désormais
l'*accipiens* qui possède le fonds Cornélien puisqu'il le détient du consentement du *tradens* ? Non, dit Ulpien, son erreur l'empêche d'acquérir ; il
en résulte que le *tradens* conserve la possession, car il n'avait entendu s'en
dépouiller que pour en investir l'*accipiens*.

L'erreur sur le point de savoir à qui appartenait la chose dont tradition a
été faite a paru aux jurisconsultes romains destructive du consentement du
tradens, et ils ont pensé qu'elle empêchait la tradition d'être translative de
la propriété. Ainsi un mandataire fait tradition d'une chose lui appartenant

et qu'il croit à tort appartenir à son mandant, un tuteur fait tradition d'une chose qu'il croit appartenir à son pupille et dont il est lui-même le véritable propriétaire ; la tradition opérée dans ces circonstances ne transfère pas la propriété à l'*accipiens*. C'est ce que décide Ulpien (L. 35, D. *De acquir. rerum dom.*, 41, 1) : « *Si procurator meus vel tutor pupilli,* « *rem suam, quasi meam, vel pupilli, alii tradiderint, non recessit ab eis* « *dominium, et nulla est alienatio : quia nemo errans rem suam emittit.* » Cette solution ne peut être qu'approuvée. Il faut remarquer, en effet, non seulement que le mandataire n'eût peut être pas aliéné s'il eût su la chose sienne, mais qu'il n'a pas voulu aliéner; il n'a pu avoir l'intention de céder un droit de propriété dont il ignorait être investi ; le véritable *alienator* est le mandant, et il n'était pas propriétaire; il est donc parfaitement exact de dire qu'il n'y a pas d'aliénation. Pomponius donnait, paraît-il (L. 15, D. *De contrah. emptione*, 18, 1), une solution identique pour une hypothèse un peu différente. J'achète d'un possesseur, que je crois propriétaire, une chose qui en réalité m'appartient, et je donne ordre à mon vendeur de faire tradition à un tiers. Cette tradition opérée n'est pas, suivant Pomponius, translative de propriété ; car, dit-il, je ne me suis pas proposé de tranférer à l'*accipiens* une mienne propriété, mais une propriété dont je croyais mon vendeur investi. Il faut, dit Paul qui cite et approuve Pomponius, décider de même au cas où, voulant me faire présent d'une chose qui m'appartient à mon insu, vous en faites, par mon ordre, tradition à un tiers. Ces deux solutions prouvent bien que, dans l'esprit de Paul et de Pomponius, toute erreur de la part de celui qui fait ou ordonne la tradition est, lorsqu'elle porte sur l'individualité du propriétaire de la chose, un obstacle à l'efficacité de la tradition. Il faut cependant reconnaître que l'application rigoureuse de cette règle juridique conduit, dans les hypothèses examinées par Paul, à des conséquences excessives et à une décision critiquable. Il semble, en effet, impossible d'assimiler ces deux hypothèses à celle examinée par Ulpien et de considérer, en ce cas, l'erreur de celui qui fait ou ordonne la tradition comme destructive de tout consentement de sa part. Celui qui, dans les hypothèses examinées par Paul, fait ou ordonne la tradition, est, à la vérité, comme le mandataire et le tuteur dont parle Ulpien, propriétaire sans le savoir, mais il ne croit pas, comme ceux-ci, faire l'affaire de celui qu'il répute propriétaire, il agit en son propre nom. Il ne se croit pas, il est vrai, propriétaire, tradition ne lui ayant pas encore été faite par son vendeur, mais il s'e time maître de disposer de la chose comme sienne et à son profit, et il en dispose en ordonnant au vendeur de faire tradition à un tiers. Sur ce point, il ne commet aucune erreur ; il a le droit de disposer de la chose et il importe assez peu, pour déterminer la portée de son consentement, de savoir s'il s'est trompé sur l'origine de ce droit de disposition. Qu'il puisse disposer de la chose à titre de propriétaire ou à titre d'acheteur, qu'il se soit cru les droits d'un acheteur tandis qu'il avait ceux d'un propriétaire, il n'en est pas moins certain qu'il a entendu transférer le droit qu'il avait, ce que le mandataire croyant faire l'affaire du mandant n'avait aucunement eu l'intention de faire, et que, partant, son erreur n'était pas, comme celle du mandataire, destructive de tout consentement. Il semble, en conséquence, que Paul et Pomponius eussent pu, dans les hypothèses qu'ils examinent, se prononcer pour l'efficacité de la tradition.

Marcellus examine (L. 49, D. *Mandati*, 17, 1) une hypothèse semblable à celle que discute Ulpien dans la L. 35, D. *De adquir. rerum dominio*. Un esclave est vendu par son propriétaire Titius, mais Titius ignore que cet esclave lui appartient et il agit comme mandataire du propriétaire apparent. Est-il obligé vis-à-vis de l'acheteur ? Oui, dit le jurisconsulte ; il est lié par le contrat de vente, bien qu'il n'y ait figuré que comme mandataire. S'il a fait tradition, pourra-t-il revendiquer ? Non, dit encore Marcellus. Cette seconde proposition est le corollaire de la précédente. Si Titius est tenu des obligations du vendeur vis-à-vis de l'acheteur de l'esclave, il ne peut revendiquer utilement contre lui ; car celui-ci lui opposerait l'exception *rei venditæ et traditæ*. Il n'y a aucune contradiction entre la décision de Marcellus et celle que donne Ulpien (L. 35. *De adq. rerum. dom.*). Les deux jurisconsultes examinent des hypothèses à peu près semblables, mais ils posent et résolvent des questions différentes. Marcellus se demande si le mandataire qui a vendu sa propre chose croyant vendre celle de son mandant est obligé par ce contrat, et si, partant, il pourra revendiquer utilement ; il ne pose pas la question de savoir si la tradition qu'il a opérée a été translative de propriété. Il importe de remarquer qu'une tradition, même efficace, n'eût, au temps de Marcellus, transféré que la propriété bonitaire ; il s'agissait dans l'espèce d'un esclave, c'est-à-dire d'une *res mancipi* ; la tradition ne pouvait conséquemment en transférer la propriété quiritaire, et la revendication restait, en principe, ouverte au *tradens*. La question était de savoir si cette revendication pouvait être efficace. Marcellus la résout négativement par cette considération que le *tradens* est vendeur. Ulpien ne suppose pas que le *tradens* soit vendeur ; c'est là ce qui différencie l'hypothèse dans laquelle il raisonne de celle où s'est placé Marcellus. Il ne se préoccupe pas des conséquences d'un contrat de vente dont il ne suppose pas l'existence ; il examine simplement la question de savoir si la tradition opérée a transféré la propriété, et il conclut à la négative. Cette décision est parfaitement conciliable avec celle de Marcellus ; il est permis de croire que ce dernier eût accordé une action en revendication efficace au *tradens* qui n'aurait pas figuré au contrat de vente, même comme mandataire, et qu'Ulpien eût reconnu que le *tradens*, bien que demeuré propriétaire, ne pouvait, s'il était vendeur, revendiquer utilement entre les mains de l'acheteur. (Pellat, textes de droit romain, viii.)

Il résulte de ce qui précède qu'aucune véritable antinomie n'existe entre les décisions de Marcellus, de Paul et d'Ulpien, et on peut admettre cette règle générale que l'erreur du *tradens* sur le point de savoir qui est le véritable propriétaire de la chose empêche la propriété d'être transférée par la tradition.

L'erreur de l'*accipiens* sur le même point entraîne-t-elle la même conséquence ? Que décider au cas où l'*accipiens* reçoit la chose des mains du véritable propriétaire, alors qu'il croit avoir affaire à un propriétaire apparent ? Paul décide en ce cas (L. 9, 4, D. *De juris et facti ignorantiâ*, 22, 6) que l'erreur de l'*accipiens* ne l'empêche pas de devenir propriétaire par la tradition opérée à son profit. Il est clair, en effet, que l'erreur n'est pas alors un vice du consentement, et que l'*accipiens* eût plus volontiers encore qu'il ne l'a fait consenti à la tradition, s'il eût su que le *tradens* était réellement propriétaire ; en achetant et prenant livraison de la chose, il a manifesté la volonté de l'acquérir autant que faire se pourrait (Pothier. Domaine de propriété, 236).

Le dol vicie le consentement mais ne l'empêche pas d'exister ; aussi la tradition, bien que déterminée par des manœuvres frauduleuses, n'en est pas moins translative de propriété. C'est ce que décide une constitution de Dioclétien (L. 10, C. *De rescindendâ venditione*, 4, 44). Un acheteur a usé de dol pour se faire vendre et livrer une chose qu'il a postérieurement lui-même revendue et livrée. Le vendeur, victime des manœuvres frauduleuses de l'acheteur, aura le droit de demander contre celui-ci la restitution en entier, mais il ne pourra, dit la constitution dont s'agit, revendiquer contre le second acheteur. Celui-ci est propriétaire, c'est donc que son vendeur l'était lui-même et par conséquent qu'il l'était devenu par la tradition que ses manœuvres frauduleuses avaient déterminée.

Les jurisconsultes romains n'estimaient pas que la violence fût, plus que le dol, destructive du consentement. (L. 21, 5, D. *Quod metus causâ*, 4, 2.) La tradition à laquelle l'une des parties avait été déterminée par la violence était translative de propriété. Mais le prêteur venait au secours de la victime de la violence et lui accordait l'action *quod metus causâ*. Par cette action, le *tradens* qui s'était vu contraint d'abandonner la propriété pouvait non la revendiquer, mais en poursuivre la restitution, non seulement contre l'auteur de la violence, mais contre tout détenteur même de bonne foi. La question de savoir si cette action pouvait être exercée contre l'acheteur de bonne foi, le donataire ou le légataire, paraît bien avoir été controversée, mais l'opinion de ceux qui tenaient pour l'affirmative semble avoir prévalu. Ulpien se décide en ce sens (L. 14, 5, D. *Quod metus causâ*, 4, 2), par cette double raison que la violence ne doit, dit-il, profiter à personne ni nuire à celui sur qui elle a été exercée... « *Ne metus quod* « *passus sum mihi captiosus sit... Nam in alterius præmium verti alienum* « *metum non oportet.* » Il n'y a pas lieu, du reste, d'insister sur cette question ; l'étude des conditions dans lesquelles pouvait s'exercer l'action *quod metus causâ* ne rentre pas dans le sujet de la présente thèse. Il suffit de rappeler que cette action tendait, au cas où la violence avait déterminé une tradition, à la restitution de l'objet aliéné, sinon à l'obtention de dommages-intérêts. Le demandeur pouvait, par ce moyen, recouvrer là propriété de la chose dont il avait fait tradition ; ce qui implique bien qu'il l'avait aliénée, et que, par conséquent, la tradition opérée par lui sous l'empire de la crainte avait été translative de propriété.

C'est la volonté des parties qui donne à la tradition sa signification et sa portée ; la propriété n'est transférée que si telle a été l'intention commune du *tradens* et de l'*accipiens*. La volonté de transférer la propriété ne se conçoit guère séparée de la volonté d'accomplir un autre acte juridique qui est la raison d'être et le motif de la translation de la propriété. Si aucun but ne pouvait être assigné à cette translation, il serait impossible de penser que la tradition ait été, dans l'esprit des parties, opérée en vue de transférer la propriété. C'est ce que dit Paul (L. 31, pr. D. *De acquir. rerum dominio*, 41, 1) : « *Nunquam nuda traditio transfert dominium ;* « *sed ita, si venditio, aut aliqua justa causa præcesserit, propter quam* « *traditio sequeretur.* »

Faut-il donc, pour que la tradition soit translative de propriété, que les parties soient d'accord sur la cause même de la tradition ? — La solution de cette question ne saurait être douteuse lorsque l'un des actes juridiques que les parties se proposent d'accomplir en opérant la tradition n'implique pas l'idée d'une translation de la propriété. Ainsi le *tradens* se propose de faire un dépôt, l'*accipiens* de contracter un prêt ; le *tradens* a en vue un *mutuum*, l'*accipiens* un commodat. Il est clair que le *tradens* dans le premier cas, l'*accipiens* dans le second, n'ont pas opéré la tradition en vue d'un transfert de propriété ; le défaut de consentement empêche la tradition d'être translative. L'hypothèse est examinée par Ulpien (L. 18, 1, D. *De rebus creditis*, 12, 1) : « *Si ego quasi deponens tibi dedero, tu quasi* « *mutuam accipias : nec depositum, nec mutuum est. Idem est, et si tu* « *quasi mutuam pecuniam dederis, ego quasi commodatam osten-* « *dendi gratiâ accepi. Sed in utroque casu, consumptis nummis,* « *condictioni sine doli exceptione locus erit.* » Ulpien suppose que l'*accipiens* n'a plus en sa possession les espèces dont tradition lui a été faite, et il décide qu'alors le *tradens* pourra exercer contre lui la *condictio*. Le jurisconsulte ne s'explique pas sur le cas où les espèces ont été conservées par l'*accipiens ;* mais il n'est pas douteux qu'il n'eût déclaré, en ce cas, la revendication ouverte au profit du *tradens*. Celui-ci est, en effet, demeuré propriétaire, la tradition n'étant translative de propriété que si les parties sont, en l'opérant, d'accord pour lui attribuer ce caractère.

Que décider au cas où le dissentiment des parties sur la cause de la tradition laisse subsister le consentement touchant la translation de la propriété ? La tradition sera-t-elle alors efficace ? Julien décide nettement l'affirmative (L. 36, D. *De acquir. rerum dominio*, 41, 1) : « *Cum in* « *corpus quidem, quod traditur, consentiamus, in causis vero dissentia-* « *mus, non animadverto cur inefficax sit traditio...* » Puis le jurisconsulte pose des exemples : le *tradens* se croyait obligé à faire tradition en vertu d'un testament, l'*accipiens* croyait que son droit d'exiger cette tradition se tirait d'une stipulation ; ce dissentiment n'empêche pas la propriété d'être transférée. De même, au cas où l'objet de la tradition étant une somme d'argent, le *tradens* a l'intention d'en faire présent à l'*accipiens*, tandis que celui-ci croit que remise lui en est faite à titre de prêt ; il est certain, dit Julien, que la propriété des espèces passe à l'*accipiens*. Ce point est cependant contesté par Ulpien (L. 18, pr. D. *De rebus creditis*, 12, 1), qui reprend l'hypothèse posée par Julien et paraît être, sur la question du transfert de la propriété des espèces, d'un avis opposé à celui de ce jurisconsulte : « *Si ego pecuniam tibi quasi donaturus dedero, tu quasi* « *mutuam accipias : Julianus scribit donationem non esse : sed an mutua* « *sit, videndum. Et puto nec mutuam esse : magisque nummos acci-* « *pientis non fieri, cum aliâ opinione acceperit.* »

On a cherché à concilier les opinions de Julien et d'Ulpien. « Obser-
« vez, » dit Pothier (Traité du droit de propriété, 238), « que Julien décide
« selon la subtilité du droit. Il est vrai que dans cette espèce la propriété
« de cet argent vous a été transférée selon la subtilité du droit, parce que
« nous avons consenti, moi à vous la transférer, et vous à l'acquérir; mais
« elle vous a été transférée sans cause ; c'est sans aucune cause que vous êtes
« le propriétaire : vous ne l'êtes pas à titre de donation, puisque vous
« n'avez pas accepté la donation que j'avais eu l'intention de vous en faire ;
« vous ne l'êtes pas non plus à titre de prêt, puisque je n'ai pas eu la
« volonté de vous faire un prêt : vous ayant donc transféré la propriété de
« cet argent sans cause, je puis, si je me repens de la donation que j'avais
« eu l'intention de vous en faire, vous demander la restitution de cet
« argent, par l'action qu'on appelle *condictio sine causâ*. C'est ainsi que la
« décision de Julien se concilie avec celle d'Ulpien..... Ce que dit Ulpien,
« *nummos accipientis non fieri*, s'entend en ce sens, que quoique, quant
« à la subtilité du droit, il acquière la propriété de ces deniers, comme le
« décide Julien, il ne l'acquiert pas efficacement par rapport à l'action
« *condictio sine causâ*, que j'ai contre lui pour les répéter ; de cette
« manière, ces jurisconsultes ne sont point en contradiction. »

On lit dans Maynz (Cours de droit romain, I, § 106, n. 24) : « Les mots
« *accipientis non fieri* dont se sert Ulpien, ne disent pas nécessairement
« que *proprietas non transiit :* on peut fort bien les entendre en ce sens
« que l'*accipiens* n'acquiert pas les espèces comme il a cru les acquérir,
« c'est-à-dire comme *mutuæ* et avec la faculté d'en disposer comme il
« l'entend, notamment de ne les rembourser qu'après l'expiration d'un
« certain délai ; mais qu'il en devient comptable immédiatement envers le
« *tradens*, qui peut les répéter, comme étant données *sine causâ*, aussitôt
« qu'il découvre son erreur. »

C'est à peu près l'explication de Pothier, plus ingénieuse, semble-t-il,
que satisfaisante. Elle consiste, en effet, à prêter aux mots *accipientis non
fieri* une signification bien différente de celle qui leur serait naturellement
attribuée si l'interprétation s'en faisait sans aucune préoccupation. Le sens
général et le ton du fragment dans lequel ces expressions sont contenues
paraissent répugner à l'interprétation de Pothier. Ulpien cite Julien et
discute son opinion ; le mot *magisque* n'indique-t-il pas qu'il veut aller
plus loin que le jurisconsulte dont il examine la décision ; que, d'accord
avec lui sur la nullité de la donation et du prêt, il s'en sépare sur cette
question du transfert de la propriété des espèces ? Toute conciliation semble,

en conséquence, difficile ; mieux vaut reconnaître, avec M. Pellat ; le désaccord de Julien et d'Ulpien.

L'intérêt de la question sur laquelle se produit ce désaccord n'est pas purement théorique. Dans l'opinion d'Ulpien, le *tradens* est resté propriétaire des espèces ; il peut donc, tant qu'elles existent en nature chez l'*accipiens*, les réclamer par une action en revendication ; dans l'opinion de Julien, au contraire, la propriété des espèces a passé à l'*accipiens* et le *tradens* ne peut en réclamer la restitution que par une action personnelle, la *condictio sine causâ ;* il ne peut revendiquer, même au cas où les espèces existent en nature entre les mains de l'*accipiens*. L'exercice de la *condictio* peut, au cas où l'*accipiens* est insolvable, n'aboutir, pour le *tradens*, qu'à un remboursement partiel, c'est-à-dire au payement d'un dividende ; il peut même être complètement inefficace, par exemple au cas où des créanciers privilégiés absorbent tout l'actif. L'exercice de la revendication eût, dans les mêmes cas, au contraire, rendu le *tradens* indemne. C'est ce que nous indique Ulpien (L. 24, 2, D. *De rebus auctoritate judicis possidendis*, 42, 5). Il examine l'hypothèse de la faillite d'un banquier. Les créanciers privilégiés, dit-il, doivent être payés les premiers, puis les dépositaires. Mais si les espèces déposées existent en nature dans la caisse du banquier, le dépositaire peut les revendiquer, et le revendiquant passera avant les privilégiés. Il y a donc un intérêt pratique aussi bien que théorique à savoir si, au cas de dissentiment sur la cause de la tradition, cette tradition est ou non translative de propriété. Julien dit oui et Ulpien dit non ; mais l'opinion d'Ulpien semble lui avoir été particulière ; celle de Julien, au contraire, parait avoir été l'opinion commune des jurisconsultes romains, telle au moins qu'elle semble résulter de la doctrine admise par eux sur les effets d'une tradition opérée sans cause. Il s'agit bien, en effet, dans l'hypothèse où se placent Julien et Ulpien, d'une tradition opérée sans cause, le dissentiment des parties faisant qu'il n'y a ni *mutuum*, ni donation. La répétition des objets dont tradition a été faite sans cause s'exerce toujours, en droit romain, soit par la *condictio sine causâ*, soit par la *condictio indebiti*, soit par la *condictio causâ datâ, causâ non secutâ*, c'est-à-dire toujours par une action personnelle. Nulle part la revendication n'est accordée à celui qui a fait tradition sans cause, c'est donc que cette tradition était considérée comme ayant transféré la propriété.

Lorsque la tradition a une cause illicite, transfère-t-elle la propriété ? Il n'y a, dans les textes qui nous sont parvenus, aucune décision de principe sur ce point ; nous n'y trouvons que des solutions d'espèces.

Les donations entre époux étaient prohibées par l'ancien droit romain. Un sénatus-consulte, proposé par Caracalla, les autorisa et décida qu'elles seraient valables vis-à-vis des héritiers du donateur, si celui-ci ne les avait pas révoquées durant sa vie ; mais au regard du donateur, ces libéralités restèrent nulles et de nul effet. La tradition des objets donnés n'en transférait pas la propriété. C'est ce que nous dit Ulpien (L. 3, 10 et 11, D. *De donat. inter virum et uxorem*, 24, 1) : « *Sciendum autem est, ita* « *interdictum inter virum et uxorem donationem, ut ipso jure nihil* « *valeat quod actum est. Proinde, si corpus sit quod donatur, nec tra-* « *ditio quicquam valet.... si quis igitur nummos uxori dederit, non* « *fieri ejus apparet...* » Ainsi l'époux conservait la propriété des choses dont il avait fait tradition à son conjoint à titre de don. La conséquence était qu'il pouvait en exercer la revendication. C'est ce que dit encore Ulpien (L. 5, 18, D. *De don. inter virum et uxorem*, 24, 1) : « *In dona-* « *tionibus jure civili impeditis hactenus revocatur donum ab eo ab eâve* « *cui donatum est, ut, si quidem extet res, vindicetur, si consumpta* « *sit, condicatur.* » Justinien, dans une constitution (L. 1, 5, *De rei uxoriæ actione*, 5, 13), reconnaît aussi l'existence, au profit du donateur qui veut révoquer la libéralité par lui faite, de la revendication et de la condiction. Il résulte de ce texte qu'au temps de Justinien, comme à l'époque classique, la tradition opérée entre époux, en exécution d'une donation, n'était pas translative de propriété.

Il était défendu au propriétaire d'aliéner la chose mobilière qu'il avait spécialement engagée ou hypothéquée ; une telle aliénation était considérée comme un vol (L. 66, pr. D. *De furtis*, 9, 4). Cependant la tradition faite en vue d'opérer cette aliénation était jugée translative de propriété. C'est ce que dit Ulpien (L. 36, D. *De furtis*, 9, 4) : « *Si quis servum* « *pigneratum, deinde a debitore subreptum, emerit a debitore, nomine* « *ejus furti tenebitur, dominio servi adquisito...* » Dioclétien décide de même dans un rescrit (L. 12, C. *De distractione pignorum*, 8, 28) : « *Si* « *debitor rem tibi jure pignoris obligatam, te non consentiente, distraxit :* « *dominium cum suâ causâ transtulit ad emptorem.* » Il n'est donc pas douteux que, dans ce cas, la tradition, bien que procédant d'une cause illicite, n'ait été considérée comme translative de propriété.

La perception d'intérêts usuraires était un fait prohibé et même puni de peines sévères (Maynz, *Cours de droit romain*, II, n° 184, texte et note 12). Il semble cependant que la tradition faite en vue de payer des intérêts usuraires transférait à l'usurier la propriété des espèces. Ulpien

2

dit, en effet (L. 26, pr. D. *De condictione indebiti*, 12, 6), que le payement de ces intérêts devra être imputé sur le capital et que répétition ne
pourra en être faite. C'est supposer que la tradition des espèces, bien
qu'ayant une cause illicite, a cependant rendu l'*accipiens* propriétaire.
Ulpien décide encore que la répétition des intérêts usuraires pourra être
exercée après le remboursement intégral du capital; mais cette répétition
s'exerce au moyen de la *condictio indebiti*, c'est-à-dire d'une action personnelle, et il n'est pas dit que le *solvens* puisse user de l'action en revendication.

Les jeux de hasard étaient aussi prohibés. Le perdant pouvait répéter
ce qu'il avait payé (L. 4, D. *De aleatoribus*, 11, 5). Justinien décide (L. 1,
C. *De aleatoribus*, 3, 43) que cette répétition peut être exercée par le
joueur ou par ses héritiers même après trente ans écoulés; que si le joueur
ou ses héritiers négligent de réclamer, les magistrats de la cité peuvent
agir à sa place et consacrer les sommes dont ils obtiendront ainsi la restitution à des travaux d'utilité publique. L'empereur paraît avoir fort à cœur
de ne pas laisser le joueur heureux profiter de son gain; cependant il ne
donne pas contre lui la revendication; c'est probablement parce qu'il le
considère comme étant devenu, par la tradition qui lui en a été faite,
propriétaire des espèces que le perdant lui a remises.

Il semble bien résulter des solutions qui viennent d'être rapportées que,
dans les idées romaines, la tradition, bien qu'ayant une cause illicite,
restait, en principe, translative de propriété. Nous ne trouvons d'exception
à cette règle que pour le cas d'une donation entre époux.

Quelles étaient les conditions d'un consentement valable lorsque la
tradition s'opérait par représentants?

La possibilité pour le *tradens* d'être représenté par les esclaves ou les
enfants qu'il avait en sa puissance, ou même par une personne libre,
paraît n'avoir jamais fait difficulté dans la jurisprudence romaine : « *Nihil*
« *interest,* » dit Gaius (L. 9, 4, D. *De acquir. rerum dom.* 41, 1),
« *utrum ipse dominus per se tradat alicui rem, an voluntate ejus*
« *aliquis.* »

L'acquisition par les esclaves et les fils de famille était une conséquence
naturelle de la situation faite aux personnes *in potestate* qui ne pouvaient,
en principe, rien posséder en propre, qui faisaient elles-mêmes partie du
patrimoine d'autrui et étaient pour le maître ou le père de famille des
instruments d'acquisition : « *Quod servi nostri ex traditione nancis-*
» *cuntur,* » dit Gaius (L. 10, 1, D. *De acquir. rerum dom.* 41, 1), *id nobi*

» *adquiritur : ipse enim qui in potestate alterius est, nihil suum habere*
» *potest.* » Ainsi la tradition faite à l'esclave rendait le maître propriétaire,
à la condition, bien entendu, qu'il consentît à le devenir. Pour être efficace, la tradition opérée à son profit devait être autorisée ou ratifiée par
lui. L'*animus possidendi* est, en effet, une condition nécessaire à l'acquisition de la possession ; il doit exister chez le maître puisque c'est lui qui
acquiert, et il ne suffit pas qu'il existe chez l'esclave qui est un simple
instrument. Il y avait une exception à cette règle de droit : ce que l'esclave
acquérait *ex causâ peculiari* était immédiatement acquis au maître, même
à son insu. Papinien mentionne cette particularité et la justifie par cette
considération d'utilité que la solution contraire aurait pour conséquence
d'imposer au maître l'obligation de s'enquérir heure par heure de toutes
les opérations de l'esclave concernant le pécule (L. 44. 1, D. *De acquir.
vel am. poss.*, 41, 2). On présumait, en conséquence, faites en vertu
d'une autorisation générale toutes les acquisitions faites à raison du pécule ;
chacune d'elles profitait immédiatement au maître, sans qu'il l'eût spécialement autorisée ou connue. En dehors de ce cas, le consentement du
maître était nécessaire pour que la tradition opérée entre les mains de
l'esclave fût translative de propriété.

Dans l'ancien droit romain, nul ne pouvait acquérir par une personne
sur laquelle il n'avait pas le droit de puissance. Cependant cette règle
ancienne fléchit bientôt et, en ce qui concerne la tradition, la possibilité
pour l'*accipiens* d'être représenté par une personne libre, simple mandataire, fut admise de très bonne heure : *utilitatis causâ*, dit Paul
(*Sent.* V, 2, 2).

A quel moment, lorsque la tradition a lieu par représentant, le mandant
acquiert-il la propriété ? Devient-il propriétaire dès que la tradition est
effectuée entre les mains du mandataire ou seulement lorsqu'il a connaissance de la prise de possession effectuée par son ordre ? La question était
débattue entre les juristes (Paul, *Sent.* V, 2, 2). Une constitution des
empereurs Sévère et Caracalla (L. 1, C. *De acq. vel am. poss.*, 7, 32),
mit fin à toute controverse en décidant que le mandant possédait dès que
tradition était faite au mandataire ; nanti dès ce moment de la possession,
il l'était également de la propriété, si le *tradens* était propriétaire et si
rien ne s'opposait du reste à l'efficacité de la tradition (5. Inst. *Per quas
personas...* 2, 9).

Il faut, pour que la propriété soit transférée au représenté, que telle
soit l'intention manifestée par le représentant lorsque la tradition est

opérée. Il importe peu, du reste, si le représentant a pris vis-à-vis du *tradens* la qualité de mandataire, qu'il ait eu *in petto* la volonté d'acquérir pour lui-même et non pour son mandant. C'est au mandant que le *tradens* a entendu transférer la propriété ; il paraît naturel de donner à la tradition la signification que lui ont expressément attachée les parties, et de décider que l'acte accompli doit sortir ses effets comme si l'intention de l'*accipiens* avait réellement été celle qu'il a manifestée. C'est ce que dit Ulpien (L. 13, D. *De donationibus*, 39, 5) : « *Si procuratori meo hoc animo rem tradi-* « *derit ut mihi adquirat, ille quasi sibi adquisiturus acceperit ; nihil* « *agit in suâ personâ sed mihi adquirit.* »

Pothier donne sur cette question une solution opposée (*Traité du droit de propriété*, n° 233) : « ... Si, voulant me donner une chose, vous la « donnez à mon homme d'affaires comptant la lui donner pour moi, et « qu'il l'ait reçue croyant la recevoir pour lui, cette tradition ne transférera « la propriété de la chose, ni à mon homme d'affaires à qui vous n'avez « pas voulu la donner, ni à moi, mon homme d'affaires ne l'ayant pas « reçue pour moi : *si procuratori meo rem tradideris ut meam faceres,* « *is hâc mente acceperit ut suam faceret, nihil agetur.* »

Le texte cité par Pothier est de Julien (L. 37, 6, D. *De acquir. rerum dom.*, 41 . 1). M. Maynz (*Cours* I, 106, n. 8) entend ce texte autrement que Pothier ; il pense que Julien a voulu dire la même chose qu'Ulpien, et que les mots « *nihil agetur* » doivent être entendus comme s'ils étaient suivis des mots « *in suâ personâ sed mihi adquirit.* » Cette manière d'interpréter, en le complétant, le texte dont il s'agit, peut paraître hardie ; il semble plus naturel d'admettre, avec M. Pellat, qu'il y avait dissentiment entre les deux jurisconsultes romains et que l'opinion d'Ulpien a constitué un progrès.

Africain examine (L. 38, 1, D. *De solutionibus*, 46, 3) une hypothèse dans laquelle un débiteur se libère entre les mains d'une personne que son créancier lui a désignée comme étant son procureur à l'effet de recevoir le payement. Ce mandat de recevoir a depuis été retiré, mais le débiteur ignore cette révocation et il remet les espèces au procureur révoqué. Ce payement est-il libératoire ? Cela dépend, suivant Africain, de l'intention dans laquelle le procureur révoqué a reçu le payement effectué entre ses mains. Si son dessein a été de s'approprier les espèces, il a commis un véritable vol ; or, on ne peut par un vol devenir propriétaire ; la tradition opérée entre les mains du procureur révoqué ne lui a donc point transféré la propriété des espèces ; le débiteur en est demeuré propriétaire et par conséquent il n'est point libéré. Africain voit bien que son raisonnement conduit à une conséquence inique; aussi se hâte-t-il d'ajouter que si le débiteur n'est pas libéré *ipso jure*, il l'est *exceptionis ope*, à la condition de céder au créancier la *condictio furtiva* qu'il a contre l'auteur du vol. Malgré ce tempérament dicté par l'équité, la solution d'Africain et les raisons par lesquelles il la justifie restent contestables. Le procureur révoqué a commis un vol; mais au préjudice de qui l'a-t-il commis? Ne peut-on considérer la tradition faite au procureur révoqué comme ayant transféré au mandant la propriété des espèces? Africain ne doute pas que cette translation n'ait eu lieu si le mandataire a reçu l'argent avec l'intention, non d'en faire son profit, mais de le faire tenir à son mandant. Comment l'efficacité d'un acte juridique peut-elle dépendre de l'intention secrète d'une des parties? Il semble bien qu'il n'y ait à tenir compte que de l'intention exprimée. Le procureur déclare accepter pour son mandant; le mandat qu'il a reçu existe, du reste, à l'égard du débiteur, jusqu'à ce que celui-ci ait connaissance de la révocation. Il semble en conséquence que la tradition opérée doit produire entre le débiteur et le créancier les mêmes effets juridiques que si, d'une part, le mandataire n'avait pas été révoqué, et si, d'autre part, il avait eu, en réalité, l'intention qu'il a manifestée de faire tenir à son mandant les espèces dont remise lui était faite. Aussi Ulpien, examinant la même hypothèse (L. 12, 2; L. 18, D. *De solutionibus*, 46, 3), décide-t-il que le débiteur est libéré et que le vol est commis au préjudice du créancier.

Ulpien décide encore de même dans une hypothèse présentant avec la précédente beaucoup d'analogie, mais encore plus favorable pour le *solvens* : « *Si is qui creditoris tui se procuratorem esse simulaverit, a* « *debitore tuo, jubente te, pecuniam acceperit, et furti actionem te* « *habere constat, et ipsam pecuniam tuam esse.* » Le jurisconsulte considère avec raison que le faux procureur doit être réputé avoir été constitué mandataire à l'effet de recevoir par le créancier qu'il a trompé, et que celui-ci a acquis la propriété des espèces par la tradition opérée entre les mains de la personne désignée par lui. Il considère encore, à propos d'une espèce qu'il compare à celle-ci, que la situation des parties doit être absolument la même que celle où elles se trouveraient si tradition avait été faite par le *solvens* à son créancier et par celui-ci au faux procureur. On ne peut que reconnaître l'exactitude de cette analyse et qu'approuver la solution qui en est tirée, c'est-à-dire la libération *ipso jure* du débiteur.

Il faut assimiler au mandataire le tuteur, le curateur, et, en général, les représentants légaux des incapables. Lorsque tradition est faite entre leurs mains, la propriété est acquise au représenté immédiatement et même à son insu (L. 13, 1, D. *De acquir. rerum dom.*, 41, 1; L. 1, 20, *De acq. vel amitt. pos.*, 41, 2).

L'*accipiens* peut être représenté par un simple gérant d'affaires, mais il n'acquiert, en ce cas, la possession et la propriété qu'au moment où il ratifie l'acceptation faite en son nom. C'est ce que nous dit Ulpien (L. 42, 1, D. *De acq. vel amitt. pos.*, 42, 2). Il pose l'hypothèse d'un homme d'affaires qui achète et prend livraison pour son maître; s'il a, dit-il, agi par ordre de celui-ci, la possession est immédiatement acquise au maître; s'il a agi sans ordre, *suâ sponte*, le maître n'aura la possession que lorsqu'il aura ratifié. Ulpien décide encore, avec Julien, que le payement fait à un gérant d'affaires ne libère le débiteur que lorsque le maître a ratifié; c'est à dire implicitement que celui-ci ne devient propriétaire qu'à ce moment seulement des espèces dont la remise a été acceptée en son nom (L. 58, pr. D. *De solutionibus*, 16, 3). Paul, examinant la même hypothèse, donne la même solution et décide expressément que la propriété des espèces n'est point transférée au créancier lors de la tradition opérée entre les mains dn gérant d'affaires (L. 24, D. *De negotiis gestis*, 3, 5).

IV

La tradition n'est translative de la propriété que si le tradens est propriétaire. — Exception en faveur du fisc. Tradition opérée en vertu d'une vente; nécessité du payement du prix.

La tradition ne peut être translative de propriété que si le *tradens* est propriétaire. C'est ce que nous dit Ulpien (L. 20, pr. D. *De acquir. rerum dom.*, 41, 1) : « *Traditio nihil amplius transferre debet vel potest ad* « *eum qui accipit quam est apud eum qui tradit. Si igitur quis domi-* « *nium in fundo habuit, id tradendo transfert : si non habuit, ad eum* « *qui accipit, nihil transfert.* »

La législation du Bas-Empire fit à cette règle une exception en faveur des aliénations opérées par le fisc. Déjà Marc-Aurèle (§ 14, Inst. *De usu cap.*, 2, 6) avait accordé à l'acquéreur des biens aliénés par le fisc, une exception au moyen de laquelle il pouvait, après cinq ans écoulés à partir de son acquisition, repousser l'action en revendication du véritable propriétaire. Zénon (L. 2, C. *De quadr. prescr.*, 7, 37) voulut donner à cet acquéreur une sécurité immédiate et complète et l'autorisa non seulement à résister, du jour même de son acquisition, à toute revendication dirigée contre lui, mais à revendiquer lui-même contre tout détenteur. Le véritable propriétaire pouvait ainsi subir une éviction ; il ne lui restait en ce cas d'autre ressource qu'une action en responsabilité contre le Trésor, laquelle se prescrivait par quatre ans. Il faut donc reconnaître qu'à partir de cette constitution de Zénon, la tradition opérée au nom du fisc transfère à l'*accipiens* la propriété des choses même dont le fisc n'est pas propriétaire. Justinien étendit à la personne de l'empereur et à celle de l'impératrice le privilège créé par Zénon au profit du Trésor et assimila les aliénations faites par eux à celles faites par le fisc (L. 3, C. *De quadr. prescr.*, 7, 37). Il n'y a pas lieu d'insister sur cette disposition anomale de la législation du Bas-Empire qui déroge à cette grande règle de droit et de bon sens : « *Nemo plus juris ad alium transferre potest quam ipse haberet.* » (L. 11, D. *De regulis juris*, 50, 17.)

Pour que la tradition soit translative de la propriété, le *tradens* doit être non seulement propriétaire, mais encore capable d'aliéner ; l'*accipiens* doit, de son côté, être capable d'acquérir. Une étude sur la capacité d'aliéner et d'acquérir, sur la situation qui résulte des aliénations faites par les incapables ou à leur profit, serait déplacée dans une étude sur les conditions d'efficacité de la tradition ; c'est pourquoi nous ne faisons que mentionner cette nécessité de l'existence dans les personnes du *tradens* et de l'*accipiens* de la capacité d'aliéner et d'acquérir.

Il y avait, dans la jurisprudence romaine, une très notable différence, quant aux effets, entre la tradition opérée en exécution d'une vente et la tradition qui avait pour cause un contrat quelconque autre qu'une vente. La tradition ne transférait pas immédiatement la propriété à l'acheteur auquel le vendeur n'avait pas fait crédit et qui n'avait cependant ni payé son prix ni fait accepter au vendeur une sûreté suffisante. Cette règle fort ancienne, que Justinien (§ 41, Inst. *De rerum div.*, 2, 1) rattache à la Loi des XII Tables et classe au nombre des préceptes du *jus gentium*, a pour fondement une interprétation naturelle de la volonté des parties. Le vendeur qui ne fait pas crédit est présumé ne vouloir se dépouiller de son droit de propriété qu'en échange de la somme d'argent dont il stipule le payement et au moment seulement où il touche ladite somme. Cette présomption ne saurait exister au profit du vendeur qui fait crédit, soit en raison des sûretés qui lui sont fournies, soit en raison de sa seule confiance dans la solvabilité de l'acheteur. L'acheteur à crédit devient propriétaire au moment même de la tradition; l'acheteur au comptant n'acquiert la propriété qu'au moment où il paye son prix, ou bien au moment où le vendeur, modifiant sa résolution primitive, lui accorde un crédit. « *Quod* « *vendidi*, » dit Pomponius (L. 19, D. *De contrah. emptione*, 18, 1), « *non aliter fit accipientis, quam si aut pretium nobis solutum sit, aut* « *satis eo nomine factum : vel etiam fidem habuerimus emptori sine* « *ullâ satisfactione.* »

« La Coutume de Paris, » dit Pothier (*Traité du droit de propriété*, n° 242), « a suivi ces principes : elle suppose, en l'article 176, que celui « qui a vendu une chose sans jour et sans terme, en conserve la propriété « jusqu'au payement du prix, nonobstant la tradition qu'il en a faite. « C'est pourquoi elle dit : *Qui vend aucune chose mobilière sans jour et sans* « *terme, espérant être payé promptement, il peut sa chose poursuivre en* « *quelque lieu qu'elle soit transportée, pour être payé du prix qu'il l'a* « *vendue.* »

« Il résulte clairement de ces termes, *il peut sa chose poursuivre*, que « lorsque le vendeur a vendu sans jour et sans terme, la chose vendue, « nonobstant la tradition qu'il en a faite, en quelque lieu qu'elle ait été « transportée, en quelques mains qu'elle ait passé, demeure toujours sa « chose jusqu'à ce qu'il ait été payé. »

L'art. 176 de la Coutume de Paris et le commentaire qu'en fait Pothier doivent être d'autant plus remarqués qu'ils ont trait à l'hypothèse d'une vente mobilière. Une règle inconnue au droit romain, écrite aujourd'hui dans l'art. 2279 Civ., s'était introduite très anciennement dans le droit coutumier; c'était la restriction du droit de suite sur les meubles. Le droit de revendication était primitivement dénié au propriétaire d'un meuble qui s'était volontairement dessaisi (Aubry et Rau, t. 2, § 183, n. 2). L'étude du droit romain amena une réaction contre cette idée. Le propriétaire recouvra le droit de revendication, et l'art. 170 Cout. de Paris ne dénie le droit de suite qu'au seul créancier hypothécaire. Mais un retour aux idées anciennes se produisit, et au xviiie siècle, au moment où écrit Pothier, la jurisprudence du Châtelet consacrait cette maxime : qu'en fait de meubles, possession vaut titre (Aubry et Rau, l. c.). En d'autres termes, la revendication des meubles était, en principe, impossible. Pothier lui-même admettait cette règle. Il examine, dans son introduction à la Coutume d'Orléans, t. 14, nº 4, la question de savoir si la prescription de trois ans établie par le droit romain pour les meubles doit être appliquée en droit français ; c'est, dit-il, un point controversé ; il ajoute : « Il est rare qu'il y ait lieu à la question, « le possesseur d'un meuble en étant parmi nous présumé le propriétaire, « sans qu'il soit besoin d'avoir recours à la prescription ; à moins que celui « qui le réclame et s'en prétend propriétaire, ne justifiât qu'il en a perdu « la possession par quelque accident, comme par un vol qui lui en aurait « été fait. » C'est donc par une exception à une règle de jurisprudence, désormais établie, que Pothier, commentant l'art. 176 Cout. Paris, admet, au profit du vendeur impayé, le droit de revendiquer entre toutes mains la chose mobilière vendue par lui au comptant.

Dans notre droit moderne, la propriété est transférée par le seul effet des conventions ; le vendeur cesse d'être propriétaire du moment même où il a vendu. Peu importe qu'il ait vendu au comptant ou à terme, qu'il ait ou non touché le prix de vente. La tradition opérée en exécution d'une vente n'enlève plus au vendeur le droit de propriété qui a déjà passé sur la tête de l'acheteur ; elle lui enlève simplement la possession. L'art. 2102, 4º, Civ. permet au vendeur impayé d'effets mobiliers de revenir sur la tradition opérée et de recouvrer la possession imprudemment transmise : « Si la « vente a été faite sans terme, le vendeur peut même revendiquer ces effets « tant qu'ils sont en la possession de l'acheteur, et en empêcher la revente « pourvu que la revendication soit faite dans la huitaine de la livraison, « et que les effets se trouvent dans le même état dans lequel cette livraison « a été faite. » Le Code civil restreint plus que ne l'avait fait la Coutume de Paris le droit de revendication du vendeur. Ce droit subsiste cependant, bien qu'étroitement limité ; et il est permis de voir dans la disposition légale qui le consacre un souvenir de l'ancienne règle écrite aux Institutes. La tradition opérée en vertu d'une vente peut, dans certains cas, si le prix n'a été payé, rester, chez nous comme à Rome, inefficace.

V

Rôle moderne de la tradition.

Du droit romain la tradition passa dans l'ancien droit français et les règles qui ont fait le sujet de cette étude furent observées jusqu'à la promulgation du Code civil. Aujourd'hui la propriété est transférée, sans tradition, par les simples conventions. Un seul contrat, dans notre droit moderne, est impuissant à opérer cette translation, s'il n'est accompagné de tradition ; c'est le don manuel ; encore la tradition n'est-elle pas, à proprement parler, même en ce cas, translative de la propriété, mais elle est une condition d'existence d'un contrat translatif de propriété.

Il résulte de cette différence entre le droit moderne et le droit ancien que des questions débattues entre les jurisconsultes romains sur les conditions d'une translation valable de propriété par la voie de la tradition, les unes ne peuvent plus se poser aujourd'hui, les autres ne doivent plus être examinées à propos de la tradition. C'est relativement à la validité du contrat qui motive la tradition que doivent être résolues les difficultés concernant le consentement ; car c'est de la seule validité du contrat que dépend la translation de propriété. La tradition ne transfère plus que la possession. A ce point de vue, on peut encore, dans notre droit, examiner les diverses hypothèses de fait posées dans les textes romains et se demander si elles impliquent translation de la possession. Mais un tel examen impliquerait une étude comparative du droit romain et du droit français touchant les caractères et les effets de la possession, et un pareil travail excèderait les limites de cette thèse.

THÈSE DE DROIT FRANÇAIS

DES

DONS MANUELS

I

Validité des dons manuels. — Ils sont dispensés des règles de forme et soumis aux règles de fond régissant les donations.

Les dons manuels sont probablement aussi anciens que la propriété mobilière, et l'on imagine difficilement une législation qui en interdirait l'usage. La question paraît cependant s'être posée de savoir si ce mode de disposer n'avait pas été prohibé par l'art. 1er de l'ordonnance de février 1731, lequel était ainsi conçu :

« Tous actes portant donations entre vifs seront passés par devant « notaires, et il en restera minute, à peine de nullité. »

Interrogé sur la portée qu'il fallait attribuer à cet article de l'ordonnance, le chancelier d'Aguesseau, qui en était le rédacteur, répondit en ces termes :

« A l'égard du don qui se consommerait sans acte par la tradition réelle « d'un meuble ou d'une somme modique, l'art. 1er de l'ordonnance nou- « velle, ne parlant que des actes portant donation, n'a point d'application « à ce cas, qui n'a besoin d'aucune loi ; aussi, quoique la même question « puisse se présenter également dans les différentes provinces du royaume,

« aucune autre compagnie que la vôtre n'a été touchée de cet inconvé-
« nient. » (Lettre du 25 juin 1731. Edition des libraires réunis, 1776,
t. IX, p. 361.)

Le chancelier se défendait donc, et non sans quelque surprise de s'y
voir obligé, d'avoir songé à la suppression des dons manuels. L'art. 1er de
l'ordonnance de 1731 fut, sur ce point, unanimement interprété dans le
sens que lui avait donné son rédacteur.

« Il reste à observer, » dit Pothier, « que cette disposition de l'ordon-
« nance n'a pas lieu pour la donation des choses mobilières, lorsqu'il y a
« tradition réelle, car en ce cas il n'est besoin d'aucun acte. » (Traité des
donations entre vifs, sect. II, art. 4.)

L'art. 931 Civ. est la reproduction à peu près littérale de l'art. 1er de
l'ordonnance de 1731 :

« Tous actes portant donation entre vifs seront passés devant notaires,
« dans la forme ordinaire des contrats, et il en restera minute sous peine
« de nullité. »

En écrivant cet article, les rédacteurs du Code n'ont pas plus que le chancelier d'Aguesseau, entendu prohiber les dons manuels. Le tribun Jaubert
en fit la déclaration expresse dans son rapport au Tribunat sur le projet de
loi relatif aux donations et aux testaments.

« Nous devons remarquer, » dit-il, « que le projet de loi se sert des
« termes : *tout acte de donation.* — Tout acte... le projet ne parle pas des
« dons manuels et ce n'est pas sans motif. Les dons manuels ne sont sus-
« ceptibles d'aucune forme. Il n'y a là d'autre règle que la tradition, sauf
« néanmoins la réduction et le rapport dans les cas de droit. (Locré. Leg.
XI, p. 459.)

Cette déclaration ne laisse aucun doute sur la portée qu'il faut attribuer
à l'art. 931 Civ. ; aussi la validité des dons manuels est-elle unanimement
admise par la doctrine et par la jurisprudence. (Aubry et Rau, VII, § 659,
b. texte et note 13.)

Les dons manuels constituent des donations non solennelles ; ils sont
partant dispensés des règles de forme, en demeurant soumis aux règles de
fond qui sont imposées à toutes donations. Le tribun Jaubert ne mentionne
que le rapport et la réduction ; mais les dons manuels ne peuvent être
rapportables et réductibles que parce qu'ils sont des donations ; il faut,
pour la même raison, leur appliquer les dispositions légales touchant le
concours des volontés, la capacité de disposer et de recevoir, l'irrévocabilité du dessaisissement. On est, du reste, d'accord sur ce point, et nul ne

conteste que les règles de fond édictées pour les donations entre vifs ne régissent en principe les dons manuels ; mais l'application de ces règles a donné lieu à d'assez nombreuses difficultés ; de vives controverses se sont aussi élevées relativement aux effets de la tradition et aux conditions de la preuve.

II

De la tradition. — Pour être efficace elle doit être réelle. — L'existence d'un acte irrégulier de donation empêche-t-elle la tradition d'être efficace ?

La tradition caractérise le don manuel et constitue une condition essentielle de son existence. Les meubles peuvent être donnés sans que tradition en soit faite, mais alors la donation n'est pas manuelle et elle n'est valable qu'à la condition d'être constatée dans un acte authentique. C'est donc la tradition qui dispense le don manuel de la nécessité d'un acte authentique, et rend inutiles, en en prenant pour ainsi dire la place, les formes solennelles dont l'accomplissement est, en principe, une condition de validité pour toute donation entre vifs. Cette exception se justifie par les effets particuliers qui sont attachés, dans notre droit, à la possession et partant à la tradition des meubles. L'usage n'existe pas de constater par écrit la translation de la propriété des meubles ; le nouveau propriétaire est simplement mis en possession par l'ancien et il n'a le plus souvent aucun acte écrit par lequel il puisse justifier de la translation de propriété opérée à son profit. Cet usage ancien et nécessaire a motivé la présomption écrite dans l'art. 2279 ; la possession fait présumer une juste cause d'acquisition, c'est-à-dire un titre. Pourquoi ce titre présumé ne pourrait-il être une donation aussi bien qu'une vente ? On aurait pu sans doute distinguer entre les acquisitions à titre gratuit et les acquisitions à titre onéreux, restreindre à ces dernières la portée de l'art. 2279, et décider que la donation devant être, à peine de nullité, constatée par un acte authentique, ne pouvait se présumer d'après la seule possession. Mais c'eut été se mettre en contradiction avec l'usage universel suivant lequel les meubles se donnent, aussi bien qu'ils se vendent, sans acte écrit. Cet usage justifiait au profit du possesseur la présomption de donation aussi bien que la présomption de vente, et imposait au législateur l'exception qu'il a faite au principe de la solennité en faveur des donations manuelles de meubles. Ces donations sont valables à la condition que le donataire ait été mis en possession et puisse se prévaloir de l'art. 2279. Cette disposition légale ne protège que ceux qui sont en possession effective. La transmission au donataire de la possession effective, en d'autres termes la tradition réelle est donc une condition essentielle de la validité des dons manuels.

La question de savoir si la tradition opérée est réelle est une question de fait ; le juge doit apprécier d'après les circonstances si la chose donnée a été mise effectivement à la disposition du donataire. La remise de la main à la main, la translation au domicile du donataire, la remise des clefs du bâtiment où se trouve la chose donnée, sont des faits qui entraînent tradition réelle.

Le constitut possessoire, c'est-à-dire la convention par laquelle le donateur conserverait en fait la possession de la chose donnée, n'emporte pas tradition réelle ; la chose reste, en effet, au pouvoir du donateur ; celui-ci reconnaît bien la précarité de sa possession, mais il demeure possesseur de fait ; le donataire n'a pas en réalité la chose à sa disposition, et il ne peut invoquer l'art. 2279 à l'effet de conserver une possession qui lui fait défaut.

La tradition *brevi manu*, qui est précisément l'inverse du constitut possessoire, est une véritable tradition réelle, bien qu'elle s'opère par le seul consentement des parties. Le donataire possédait à titre précaire ; il avait, par exemple, loué ou emprunté la chose dont présent lui est fait ; par le simple accord des volontés de donner et d'accepter, il possède désormais à titre de propriétaire ; cette possession est du reste effective, et comme elle a pour origine la volonté de l'ancien possesseur, on doit considérer qu'une tradition réelle s'est opérée.

La tradition réelle dispense les dons manuels des formes imposées à toute donation, et il n'est pas contesté que des meubles ne puissent être valablement donnés de la main à la main, sans qu'il soit besoin de constater cette libéralité par un acte authentique. Une vive controverse s'est, au contraire, élevée sur le point de savoir si l'existence d'un acte de donation irrégulier en la forme ne serait point un obstacle à l'efficacité de la tradition, et si, dans ce cas, le donateur ne conserverait pas la propriété des objets donnés, même après s'être dessaisi de leur possession. Il arrive, en effet, assez souvent qu'un acte sous-seing privé est dressé, ou bien qu'une déclaration est écrite par le donateur, pour constater la libéralité et mettre le donataire à l'abri de tout soupçon de détournement. Doit-on considérer, dans ce cas, la tradition opérée comme l'exécution d'une donation inexistante parce qu'elle a été faite par acte sous-seing privé, ou bien comme un des éléments constitutifs d'un don manuel valable ?

Lorsque l'acte irrégulier a été dressé postérieurement à la tradition, aucun doute sérieux ne peut s'élever. Il est impossible alors de considérer la tradition comme ayant été faite en exécution d'un acte de donation qui n'existait pas encore. Au moment où elle s'est opérée, tous les éléments nécessaires à la validité d'un don manuel se trouvant d'ailleurs réunis, la propriété des objets donnés a été légalement transmise au donataire. Comment un contrat valable lors de sa formation pourrait-il être invalidé après coup par la rédaction irrégulière d'un acte dont la loi ne fait pas une condition de la validité de ce contrat ? Il serait bien singulier qu'une précaution prise pour assurer la preuve d'un don manuel en déterminât la nullité, qu'une déclaration faite pour garantir le donataire de tout soupçon de détournement eût pour conséquence de l'obliger à restituer, qu'enfin le seul moyen pour le donateur de révoquer une libéralité, d'ailleurs irrévocable, fût de la constater par écrit. Aussi la jurisprudence paraît-elle établie dans ce sens, qu'un don manuel ne saurait être invalidé par la rédaction postérieure d'un acte irrégulier ou d'une reconnaissance. (D. R. Vº. Dispositions entre vifs, nº 1611, note. Lyon, 2 mars 1876, D. P., 1878, 2, 142.)

La même solution doit-elle être donnée pour le cas où l'acte irrégulier se place à la même date que la tradition ou à une date antérieure ? Elle paraît imposée par les mêmes considérations. Qu'importe, en effet, l'irrégularité d'un acte inutile ? Comment pourrait-elle avoir pour conséquence la nullité d'un don manuel qui réunit toutes les conditions légales de validité ? Une raison de douter se tire des art. 1339 et 1340 Civ. Il résulte, en effet, de ces articles que le donateur ne peut valablement confirmer, même en l'exécutant, une donation nulle en la forme. La tradition doit-elle donc, lorsqu'elle accompagne ou suit la rédaction d'un acte irrégulier, être considérée comme l'exécution et la confirmation d'une donation nulle en la forme ? M. Troplong (Donations et test., t. 2, nº 1234) pense qu'on ne peut l'envisager autrement, et qu'il n'y a pas place pour l'hypothèse d'un don manuel ; car, dit-il, « un don manuel n'est pas celui qui est fait par acte « écrit. » C'est ajouter arbitrairement une condition nouvelle à la validité des dons manuels : l'absence d'acte écrit.

Il faut, suivant M. Demolombe (t. 20, nº 76), rechercher en fait quelle a été l'intention des parties. Si la tradition n'apparaît que comme une simple exécution de l'acte de donation considéré par le donateur comme valable et obligatoire, il faut appliquer l'art. 1339, et dire qu'il n'y a pas de libéralité valable ; s'il résulte, au contraire, des circonstances la preuve que le donateur a entendu, par cette tradition volontairement faite, exercer une donation envers le donataire, il faut alors décider qu'il a disposé valablement ; car, aux termes de l'art. 1339, si la donation nulle en la forme ne peut pas être confirmée, elle peut être refaite en la forme légale, et le don manuel est une des formes légales de la donation entre vifs.

La distinction proposée par M. Demolombe serait, suivant M. Laurent (t. 12, n° 375), « aussi subtile qu'impraticable. » Ce reproche ne semble qu'imparfaitement justifié. Il est impossible sans doute, dans l'hypothèse où raisonne M. Laurent, alors que l'acte écrit et la tradition ont été concomitants, de rechercher si le donateur a considéré ou non la tradition comme une conséquence de l'acte, s'il a entendu faire un don manuel ou exécuter une donation écrite. Il n'est pas supposable que cette question se soit présentée à l'esprit du donateur et on ne saurait imposer au juge le devoir de rechercher quelle a été son intention sur ce point. Il n'est pas douteux, du reste, que les volontés de donner et d'accepter n'aient coexisté au moment où la tradition a été faite ; toutes les conditions nécessaires à la validité d'un don manuel se trouvent donc réunies, et l'on doit constater qu'une libéralité valable a été consentie, sans se préoccuper de l'existence d'un acte écrit. (Lyon, 2 mars 1876. D. P., 1878, 2, 142.)

La distinction de M. Demolombe paraît, au contraire, praticable dans le cas où l'acte écrit a précédé la tradition. On peut alors se demander si l'intention de donner a persisté jusqu'à la tradition, si le donateur ne s'est pas dessaisi par cette unique raison qu'il s'y croyait obligé en vertu de l'acte qu'il avait signé. Telle circonstance de fait peut faire présumer qu'il en a été ainsi. Si la délivrance des objets donnés ne s'est faite qu'à la suite d'une sommation signifiée par le donataire, ne peut-on supposer que le donateur a dû se croire forcé de délivrer, qu'il ne l'a fait qu'à son corps défendant ? Dans une espèce qui s'est présentée devant la cour de Pau, le 5 février 1866 (Sirey 1866, 2, 194), l'acte de donation était authentique, sa seule irrégularité était le défaut de signature d'un témoin. N'était-il pas vraisemblable que le donateur avait dû se croire obligé par un pareil acte ? C'est ce qu'a pensé la cour de Pau ; elle permit la répétition des sommes versées au donataire postérieurement à la rédaction de l'acte, en déclarant : « qu'il ne s'agissait pas de dons manuels faits en vertu d'une libéra- « lité spontanée, mais de payements effectués en vertu d'un acte de dona- « tion entaché d'un vice radical. »

Ainsi, il est quelquefois possible de rechercher en fait quelle a été l'intention des parties au moment de la tradition, et la distinction proposée par M. Demolombe est praticable dans certaines hypothèses. Lorsqu'il résulte des circonstances de la cause la preuve que le donateur ne s'est dessaisi que parce qu'il s'y croyait forcé, il n'y a pas de libéralité valable ; la nullité du don manuel est imposée par l'absence, au moment de la tradition, de la volonté de donner.

En résumé, la rédaction d'un acte irrégulier de donation n'est une cause possible de la nullité du don manuel effectué par une tradition postérieure que lorsqu'elle permet de mettre en doute [l'existence, au moment de la tradition, de la volonté de donner. Le doute n'étant pas permis sur ce point, lorsque la tradition a accompagné ou précédé la rédaction de l'acte, il faut décider alors que cet acte ne nuit en rien à l'efficacité de la tradition et à la validité du don manuel qui en résulte. Lorsque la tradition est postérieure à l'acte irrégulier de donation, il y a lieu d'examiner en fait si le donateur avait encore, lorsqu'il s'est dessaisi, la volonté de donner, ou s'il n'a fait délivrance que par suite d'une erreur de droit qui lui faisait considérer comme obligatoire un acte de donation entaché de nullité.

La question qui vient d'être débattue se discute le plus souvent à propos de l'irrégularité résultant du défaut de l'état estimatif que l'art. 948 Civ. prescrit d'annexer à tout acte contenant donation d'effets mobiliers. L'art. 948 Civ. est étranger aux dons manuels ; il vise uniquement les actes de donation et ne peut s'appliquer aux libéralités qui se font sans acte. Ceci n'est pas contesté. (Aubry et Rau, VII, § 660, texte et note 5.) Mais on discute très vivement le point de savoir si, lorsqu'un acte authentique de donation a été rédigé et qu'aucun état estimatif n'y a été annexé, le donateur peut répéter les meubles dont il a fait tradition. Les considérations développées plus haut conduisent à décider que, si la donation constatée par l'acte écrit doit être considérée comme inexistante, on se trouve, par suite de la tradition, en présence d'un don manuel, et que ce don manuel doit en principe être déclaré valable, à moins qu'il ne soit démontré que le donateur n'avait plus, lorsqu'il a fait délivrance, l'intention de donner. (Aubry et Rau, VII, § 660, texte et notes 13 et 14.) Mais le défaut d'état estimatif est-il, pour la donation constatée [dans l'acte authentique, une cause d'inexistence ? N'est-il pas plutôt une cause de nullité ? Cette nullité n'est-elle pas couverte par l'exécution volontaire, et ne faut-il pas déclarer en tous cas irrecevable l'action en répétition exercée par le donateur qui a fait tradition ?

La question n'était pas douteuse sous l'empire de l'ordonnance de 1731. L'art. 15 de cette ordonnance était ainsi conçu : « Et si elle (la donation) « renferme des meubles ou effets mobiliers, dont la donation ne contienne « pas une tradition réelle, il en sera fait un état signé des parties qui « demeurera annexé à la minute de ladite donation ; faute de quoi, le dona- « taire ne pourra prétendre aucun desdits meubles ou effets mobiliers, même « contre le donateur ou ses héritiers. » — L'exigence d'un état des meubles donnés avait pour but unique de garantir l'irrévocabilité de la donation, de fixer la consistance des objets donnés de telle manière qu'il fût impos- sible au donateur qui en restait nanti de les dénaturer et de remettre plus tard au donataire des objets sans valeur à la place de ceux qu'il avait réel- lement donnés. L'état ne pouvait dès lors avoir aucune utilité lorsque le donateur s'était dessaisi ; aussi l'auteur de l'ordonnance en jugeait-il la rédaction inutile lorsqu'il y avait tradition réelle. La règle édictée par l'art. 15 de l'ordonnance avait pour sanction l'irrecevabilité de l'action en délivrance intentée par le donataire ; mais si la tradition avait été opérée, le donateur ne pouvait se prévaloir, pour agir en répétition, du défaut d'un état dès lors inutile.

L'art. 948 Civ. exige l'annexion d'un état estimatif à tout acte de dona- tion, et il ne fait pas d'exception pour le cas de tradition réelle. Sa rédac- tion, d'abord conforme sur ce point à celle de l'ordonnance, fut modifiée sur la demande de Tronchet qui fit observer : « Que, toutes les fois que la « donation était faite par un acte, elle devait être accompagnée d'un état, « même s'il y avait tradition réelle ; que sans cette précaution on ne par- « viendrait pas à fixer la légitime des enfants. (Fenet, t. 12, p. 373.) — Tronchet paraît s'être mépris sur la raison d'être de la prescription légale qu'il s'agissait de faire passer de l'ordonnance dans le Code. Un état esti- matif peut sans doute être utile pour le calcul des légitimes, mais il n'est point indispensable, et il reste permis de croire, même après l'observation de Tronchet, que les rédacteurs du Code n'en ont point reconnu la néces- sité à ce point de vue ; si telle eût été leur opinion, ils eussent dû, pour être logiques, prohiber expressément les dons manuels et imposer à toute donation la nécessité de l'acte authentique et de l'état estimatif. Il est impossible de penser que la rédaction d'un état ait été prescrite en vue de garantir l'observation des règles touchant la réserve héréditaire, et l'on ne peut attribuer à l'art. 948, comme à l'art. 15 de l'ordonnance, qu'un but : sauvegarder l'irrévocabilité des donations. Faut-il dès lors attribuer au changement de rédaction amené par l'observation erronée de Tronchet, cette signification que l'action en répétition doive être désormais ouverte au donateur ? Cette interprétation de l'art. 948 n'est point imposée par le texte ; elle est contraire à l'esprit dans lequel il faut supposer que cet article a été conçu ; enfin, elle semble devoir être écartée par des considérations tirées des effets de la confirmation.

L'exécution volontaire est une confirmation ; elle couvre toutes les nullités dont peut être entachée une donation, à l'exception de celles produites par des vices de forme. L'art. 1339 Civ., qui formule cette exception, a pour but d'assurer l'observation des formes solennelles imposées aux donations. L'état estimatif est-il donc une forme solennelle ? Il semble qu'une telle qualification ne puisse lui être exactement appliquée. Garantir la liberté du consentement, écarter toute incertitude sur la manifestation des volontés, telles sont les raisons d'être des solennités exigées pour les donations entre vifs, par exemple de l'authenticité. L'exigence d'un état estimatif s'explique par une considération bien différente, le désir d'assurer l'irrévocabilité de la donation. — Un des caractères propres des formes solennelles est de ne pouvoir être remplacées par des équipollents. L'état estimatif peut être suppléé par un équipollent, par exemple, par un inventaire auquel se réfèrent les parties, ou par tout autre acte pouvant fixer d'une manière invariable la consistance et la valeur des objets donnés. Il peut même arriver qu'à raison de la nature des objets compris dans la donation, la rédaction et l'annexion d'un état estimatif soient impossibles. Il en serait ainsi au cas d'une donation de reprises à exercer dans une communauté non encore liquidée. Comment qualifier de solennelle une formalité dont l'emploi n'est pas toujours possible ? C'est à propos d'une donation de reprises que la Cour de cassation a décidé que l'état estimatif exigé par l'art. 948 ne tenait pas à la solennité de l'acte de donation. (Req. 11 avril 1854. D. P., 1854, 1, 246.) Si le défaut d'état estimatif n'est pas un vice de forme, la nullité qui en résulte peut être couverte par l'exécution volontaire de l'acte de donation. La tradition opérée par le donateur le met donc dans l'impossibilité d'arguer de nullité la donation qu'il a consentie, et, par conséquent, d'exercer la répétition des objets dont il s'est dessaisi.

III

Objet du don manuel. — Aucune limite quant à la valeur. — L'objet du don doit être susceptible de tradition réelle. — Meubles corporels. — Valeurs au porteur. — Créances ordinaires. — Effets à ordre. — Effets endossés en blanc. — Manuscrit. — Propriété littéraire. — Propriété artistique. — Usufruit. — Nue-Propriété.

La valeur d'une chose doit-elle être prise en considération pour savoir si elle peut ou non être donnée de la main à la main? Pour être valable, le don manuel doit-il rester modique? Cette question a été quelquefois débattue devant les tribunaux, mais une jurisprudence constante la résout négativement. (Nancy, 20 décembre 1873. D. P., 1875, 2, 6.) Le chancelier d'Aguesseau, dans la lettre citée plus haut, semble, il est vrai, supposer que l'objet du don manuel est une somme modique. Pensait-il que le don manuel d'une somme considérable dût être annulé? Il est bien douteux que sa lettre doive être interprétée dans ce sens. Quelle qu'ait été, du reste, sur ce point, l'opinion du chancelier, il faudrait aujourd'hui un texte législatif pour permettre aux tribunaux de limiter la faculté de disposer par voie de don manuel et de fixer le chiffre au delà duquel une libéralité cesserait d'être modique. L'idée même d'une pareille limitation paraît être restée étrangère aux rédacteurs du Code. Le tribun Jaubert observe, en effet, dans son rapport, que les dons manuels sont réductibles ; c'est supposer qu'ils peuvent dépasser la quotité disponible, avoir par conséquent, relativement au moins à la fortune du disposant, une certaine importance. Il n'y a donc aucun compte à tenir de la valeur des choses pour savoir si elles peuvent être l'objet d'un don manuel ; il faut uniquement considérer leur nature.

La tradition réelle est une condition essentielle de l'existence des dons manuels. Il en résulte que ce mode de disposer ne peut s'appliquer qu'aux meubles susceptibles de tradition réelle, c'est-à-dire à ceux dont la possession est protégée par l'art. 2279. Tous les meubles corporels peuvent donc être valablement donnés de la main à la main. En ce qui touche les meubles incorporels, plusieurs distinctions sont nécessaires.

Les valeurs au porteur sont, comme les meubles corporels, susceptibles de possession et de tradition réelle. La qualité d'actionnaire ou de créancier, c'est-à-dire le droit incorporel que constate le titre, se transmet par la simple tradition du titre (35, Co.). La possession des valeurs au porteur devait, en conséquence, être protégée par l'art. 2279 ; aussi la jurisprudence n'a-t-elle jamais hésité à lui appliquer cette disposition légale. (Aubry et Rau, II, § 183, texte et note 21.) Puisque les valeurs au porteur sont susceptibles de tradition réelle, il en résulte qu'elles peuvent être l'objet d'un don manuel. C'est ce que décide une jurisprudence constante (Dijon, 12 mai 1876. D. P., 1877, 2, 129).

Les créances dont le titre n'est pas au porteur ne sont pas transmissibles par la seule tradition du titre. La possession du titre n'implique pas la qualité de créancier ; elle ne la fait même pas présumer, et elle ne suffit pas pour l'exercice du droit de créance. Puisqu'elles ne sont pas susceptibles de tradition réelle, les créances autres que celles dont le titre est au porteur ne peuvent être l'objet d'un don manuel. Un arrêt de la cour de Trèves, du 16 décembre 1807 (D. R. V°. Disp. entre vifs, n° 1618), a bien jugé le contraire ; mais cette décision est restée isolée et une jurisprudence constante en a condamné la doctrine. (D. R. V°. Disp. entre vifs, n° 1617. — Grenoble, 17 juillet 1868. D. P., 1869, 2, 101.)

Les effets à ordre se transmettent par l'endossement et non par la simple tradition ; il en résulte qu'ils ne peuvent être donnés de la main à la main. (Pau, 10 mars 1840. D. R. V°. Disp. entre vifs, n° 1627.) Mais l'effet à ordre souscrit ou endossé en blanc n'est-il pas assimilable à un titre au porteur ? Ne devient-il pas susceptible de tradition réelle, et ne peut-il pas, en conséquence, être l'objet d'un don manuel ?

La jurisprudence moderne, comme l'ancienne, reconnaît la validité des endossements et des souscriptions en blanc. (Bédarride, Lettre de change, n°ˢ 329, 330. Rouen, 19 février 1877. D. P., 1877, 2, 82. — Cass. 4 juin 1878. D. P., 1879, 1, 136.) Leur usage très répandu a précisément pour but de rendre l'effet transmissible sans endos et par la simple tradition. La possession de l'effet souscrit ou endossé en blanc est le seul signe auquel on puisse en reconnaître le bénéficiaire, et elle implique cette qualité. Il est dès lors naturel que cette possession soit protégée, comme celle des titres au porteur, par l'art. 2279, et partant que ces effets puissent être valablement donnés de la main à la main. C'est ce que décident plusieurs arrêts. (Cass. 21 août 1837. Paris, 25 janvier 1840. D. R. V°. Effets de commerce, n° 474, n. 2 et 3. — Bordeaux, 7 avril 1851 D. P., 1852, 2, 125.)

La Cour de cassation avait jugé dans le même sens le 12 décembre 1815.

Merlin critique la doctrine de cet arrêt. (Questions de droit, V°. Donation § VI, III.). L'endossement en blanc, suivant lui, ne peut, étant irrégulier, valoir que comme procuration ; il n'opère pas transport de l'effet. La libéralité réalisée par ce moyen ne constitue pas un mode valable de déguiser une donation entre vifs ; car, pour qu'une donation déguisée soit valable, il faut au moins qu'elle soit revêtue des formes requises pour la validité du contrat qui lui sert de masque.

Merlin raisonne dans l'hypothèse où l'effet donné porte un endossement en blanc signé du donateur. L'objection qu'il tire de la signification qu'il faut, suivant lui, donner à l'endossement en blanc, ne saurait trouver place lorsque l'auteur de l'endossement en blanc n'est pas le donateur. Dans ce cas, en effet, celui-ci peut transmettre l'effet au donataire sans le revêtir de son endos, et aucune présomption de procuration ne saurait être tirée de l'irrégularité d'un endossement qui n'existe pas. La libéralité consentie serait bien alors un don manuel et non une donation déguisée.

Lorsque l'endos en blanc est signé du donateur, il est possible de le considérer comme déguisant une donation. Ainsi envisagée, la libéralité doit-elle être annulée ?

La jurisprudence a beaucoup varié sur la question de savoir quels effets dérivent de l'irrégularité de l'endossement, et quelle est la portée de l'art. 138 Co. L'interprétation donnée par Merlin de cette disposition légale n'a pas prévalu. Suivant l'opinion communément admise aujourd'hui, la présomption de simple procuration attachée par l'art. 138 Co. à l'endossement irrégulier admet la preuve contraire, non seulement vis-à-vis de l'endosseur, mais vis-à-vis même des tiers, c'est-à-dire des créanciers de l'endosseur et des débiteurs de l'effet. Il est donc assez généralement admis que l'endos irrégulier opère transport de l'effet vis-à-vis de toute personne, s'il ressort des circonstances de la cause la preuve que le transport a été dans l'intention des parties, et si, du reste, il a eu lieu sans fraude. (Cass. 12 janvier 1869. D. P., 1872, 1, 125.)

L'endossement irrégulier pourrait donc être, dans l'état actuel de la jurisprudence, un mode valable de déguiser une donation, et il faudrait valider, même à titre de donation déguisée, la transmission à titre gratuit d'un effet endossé en blanc par celui qui entend le donner. Il semble cependant que cette libéralité serait plus exactement qualifiée de don manuel. L'endos en blanc offre cette singularité qu'il ne désigne pas le preneur et ne saurait lui servir de titre, le véritable et le seul titre est la possession de l'effet ; c'est la tradition et non l'endos qui opère la transmission de la valeur. Cette considération semble justifier l'assimilation faite par la jurisprudence des effets souscrits ou endossés en blanc aux titres au porteur.

Un manuscrit peut, comme tout meuble corporel, être valablement donné de la main à la main. Le contraire a été plaidé, mais sans succès. (Bordeaux, 4 mai 1843. D. R. V°. Disp. entre vifs, n° 1615.) La valeur littéraire d'un manuscrit ne saurait lui enlever le caractère de meuble corporel, ni faire que la possession n'en doive pas être protégée par l'art. 2279. Il n'y a plus de controverse sur ce point. La question de savoir si le don du manuscrit entraîne transmission de la propriété littéraire est, au contraire, vivement discutée. La solution à donner à cette question dépendrait, suivant M. Demolombe (t. 20, n° 72), de l'intention du donateur, qu'il y aurait lieu de rechercher en fait. Il est certain que, si le donateur a voulu simplement donner le manuscrit et se réserver la propriété littéraire, ce droit n'a pu être, malgré lui, transmis au donataire. Il faut, pour qu'une question de droit puisse se poser, supposer certaine la volonté de donner la propriété littéraire. Dans cette hypothèse, la donation en sera-t-elle valablement effectuée par la simple tradition du manuscrit ? M. Demolombe tient alors pour l'affirmative ; MM. Laurent (t. 12, n° 283), Aubry et Rau (VII, § 659, texte et note 23) pour la négative, et cette dernière opinion semble la plus probable.

La propriété du manuscrit et la propriété littéraire ne sont point indissolublement liées l'une à l'autre. Ces deux droits, distincts par leur objet et leur durée, peuvent-être possédés et exercés séparément. On conçoit très bien, en effet, qu'un auteur cède son manuscrit et se réserve le monopole de la publication, et inversement qu'il cède ce monopole et se réserve son manuscrit. La cession de la propriété littéraire n'implique donc pas celle du manuscrit. (Paris, 29 mars 1878. D. P., 1878, 2, 137.) Inversement, la cession du manuscrit n'implique pas celle de la propriété littéraire. Il est donc impossible d'assimiler le droit de propriété littéraire à une créance constatée par un titre au porteur, et de considérer le manuscrit comme le titre de ce droit de propriété. La possession d'un titre au porteur implique la qualité de créancier parce que le droit de créance est lié indissolublement à la propriété du titre et que la propriété du titre est présumée au profit du possesseur. La propriété littéraire pouvant au contraire se séparer de la propriété du manuscrit, il en résulte que le possesseur du manuscrit doit bien, aux termes de l'art. 2279, être présumé propriétaire de ce manuscrit, mais qu'il n'est point, en conséquence du même article, réputé avoir acquis le droit de publication. Une telle présomption ne serait, du reste, si elle était écrite dans un texte, rien moins que justifiée. Dans l'usage, les cessions de droit d'auteur sont l'objet de traités écrits ; elles ne s'opèrent pas communément par la simple remise du manuscrit. Il n'y a donc aucune raison pour dispenser le possesseur du manuscrit d'apporter la preuve de l'acquisition du droit de publication et pour lui permettre d'invoquer sur ce point l'art. 2279. Si la remise du manuscrit ne met pas le donataire en possession de la propriété littéraire, il en résulte que ce droit ne peut être considéré comme susceptible de tradition réelle, et partant qu'il ne peut être l'objet d'un don manuel.

Les mêmes considérations conduisent à une solution semblable en ce qui touche la propriété artistique. Le don manuel d'un tableau ou d'une statue ne peut emporter, au profit du donataire, transmission du droit exclusif de reproduction. Aucune raison décisive ne saurait être tirée contre cette solution de la doctrine contenue dans un arrêt des Chambres réunies, du 27 mai 1842. (D. R. V°. Propriété littéraire, n° 281, note.) La Cour de cassation juge, par cet arrêt, que la vente d'un tableau transporte à l'acquéreur, sauf stipulation contraire, le droit de le publier par la voie de la gravure, et considère que le droit de reproduction est un accessoire de la propriété du tableau. Cette doctrine, très contestée du reste [1], crée, au profit de l'acquéreur, à titre onéreux, d'un tableau, une présomption d'acquisition de la propriété artistique ; mais cette présomption, fondée sur l'interprétation de la volonté des parties, n'a rien de commun avec la présomption de propriété attachée à la possession par l'art. 2279. Il suffit que la propriété du tableau puisse se distinguer de la propriété artistique, que l'un de ces droits puisse être cédé séparément de l'autre, pour que la simple possession du tableau n'implique pas l'existence du droit de reproduction au profit du possesseur et ne puisse être invoquée par lui comme un titre. Il en résulte que la propriété artistique n'est pas plus que la propriété littéraire, susceptible de tradition réelle, et qu'en conséquence elle ne peut être l'objet d'un don manuel.

Peut-on donner manuellement un droit d'usufruit ? La question ne peut se poser qu'à propos de l'usufruit d'un meuble susceptible lui-même d'être

---

[1] En sens contraire : arrêt rendu dans la même affaire par la Chambre criminelle. D. R. V° Propriété littéraire, n° 281, note. — Renouard, Traité des droits d'auteur, t. 2, n° 175. — Un projet de loi, actuellement soumis à la Chambre des députés, déclare que l'absence, dans un traité de vente d'un objet d'art, de toute stipulation touchant le droit de reproduction implique la réserve de ce droit au profit de l'artiste.

donné manuellement et dans l'hypothèse où tradition a été faite de ce meuble avec l'intention d'en transférer simplement la jouissance. La Cour de Paris a admis la validité d'une semblable donation dans une espèce où l'usufruit donné était établi sur des valeurs au porteur. (31 août 1842. D. R. V°. Disp. entre vifs, n° 1636, n. 1.) La question fut portée devant la Cour de cassation. On disait à l'appui du pourvoi que l'usufruit, droit incorporel, n'était pas susceptible de tradition réelle. Mais tous les droits sont incorporels. Le droit de propriété est incorporel comme ses démembrements l'usufruit et la nue-propriété. Il peut cependant être transmis par donation manuelle quand il s'applique à des meubles susceptibles de tradition réelle. Pourquoi, si les effets juridiques de la possession sont les mêmes relativement à l'usufruit et à la propriété des meubles, la translation de la possession produirait-elle des effets différents suivant qu'il s'agirait de l'un ou de l'autre de ces droits réels ? Comment la tradition ne rendrait-elle pas possible le don manuel de l'usufruit comme le don manuel de la pleine propriété ? Si le donateur était lui-même simple usufruitier, il semble que la question ne serait guère douteuse. Il n'y a cependant aucune raison juridique pour décider autrement, alors que le donateur est plein propriétaire. La seule difficulté qui se rencontre dans cette seconde hypothèse, et que ne présente pas la première, consiste à déterminer la signification restreinte de la tradition ; mais c'est là une simple difficulté d'appréciation, plus ou moins facile à résoudre, suivant les espèces, et l'on ne saurait, pour l'éviter, décider en droit qu'un usufruit ne peut être constitué par don manuel. La validité d'une telle disposition a été reconnue par la Cour de cassation, dans l'arrêt rendu sur le pourvoi dirigé contre la décision ci-dessus rappelée. (6 février 1844. D. R. V°, Disp. entre vifs, n° 1636, 1.)

Les mêmes considérations conduisent à valider le don manuel de la nue-propriété d'un meuble susceptible lui-même d'être donné manuellement. C'est ce que décide un jugement du tribunal de la Seine, du 8 mai 1850 ; il s'agissait dans l'espèce de la nue-propriété de valeurs au porteur. Le tribunal considère : « que la détention du titre est un genre spécial de possession de la nue-propriété. Ce jugement fut confirmé le 8 décembre 1851. (D. P., 1852, 2, 271.) — La Cour de Paris semble aujourd'hui abandonner cette doctrine, et, par un arrêt du 9 mars 1878 (D. P., 1879, 1, 253), elle réforme un jugement du tribunal de la Seine qui y avait persisté. Elle considère : « qu'il est impossible de comprendre comment pourrait « s'opérer la tradition de la main à la main d'une chose incorporelle et « abstraite, telle qu'un démembrement de la propriété. » Cette distinction irrationnelle entre le droit de propriété et ses démembrements a été discutée plus haut. Tous les droits sont incorporels et abstraits ; aucun d'eux n'est en lui-même susceptible de tradition manuelle, et on ne saurait déduire de ce caractère incorporel et abstrait du droit de nue-propriété l'impossibilité d'en faire l'objet d'un don manuel. Un droit de créance est aussi incorporel et abstrait ; il n'est pas en lui-même susceptible de tradition réelle ; cependant quand le titre de la créance est au porteur, le don manuel de la créance est reconnu valable par une jurisprudence constante. Il faut donc, pour savoir si un droit de nue-propriété peut être donné manuellement, rechercher, non pas s'il est en lui-même susceptible de tradition réelle, mais si l'objet auquel il s'applique en est susceptible, et s'il y a quelque raison de distinguer, relativement aux effets de la possession et de la tradition de l'objet, entre le droit de pleine propriété et le droit de nue-propriété. Cette question a été examinée plus haut à propos de l'usufruit, et il n'y a pas lieu de développer à nouveau les raisons qui conduisent à décider que les démembrements du droit de propriété peuvent, comme ce droit lui-même et dans les mêmes conditions, être transmis par voie de don manuel. La solution contraire donnée par l'arrêt qui vient d'être discuté a été déférée à la Cour de cassation qui a rejeté le pourvoi, le 5 août 1878. (D. P., 1879, 1, 253.) Mais la Cour suprême ne s'est pas approprié les motifs de l'arrêt attaqué et n'a pas consacré la thèse de droit posée par la Cour de Paris. Elle a fondé le rejet du pourvoi sur ce motif unique que les juges du fond avaient vu une donation à cause de mort dans la libéralité dont la validité était contestée, et que leur appréciation sur ce point de fait était souveraine [1]. La question de savoir si la réserve d'usufruit faite dans un don manuel imprime ou non à cette libéralité le caractère de donation à cause de mort, sera discutée plus loin à propos de l'application aux dons manuels de la règle de l'irrévocabilité. Cette règle fût-elle du reste un obstacle absolu à la stipulation d'une réserve d'usufruit, il n'en faudrait pas moins décider en principe que la nue-propriété peut être donnée manuellement ; car la règle de l'irrévocabilité des donations n'a pas d'application possible lorsque le donateur est lui-même nu-propriétaire, et que l'usufruit appartient à un tiers.

[1] Un arrêt récent de la Cour de cassation a condamné la doctrine de la Cour de Paris. (Civ. 11 août 1880. D. P. 80, 1, 461.)

IV

Concours des volontés. — Don par intermédiaire. — A quel moment est-il parfait? — Mort du donateur avant le dessaisissement de l'intermédiaire.

La tradition réelle doit être accompagnée du concours des volontés de donner et d'accepter. Ce concours doit exister au moment où la tradition a lieu, car c'est à ce moment-là seulement que se forme le don manuel. C'est là ce qui différencie le don manuel des contrats consensuels qui naissent au moment même où les volontés concourent, et aussi des donations ordinaires qui prennent naissance au moment où le concours des volontés se manifeste solennellement. Le don manuel n'existe qu'à partir de la tradition, et par conséquent c'est à ce moment que le concours des volontés doit se produire pour être efficace. Lorsque les volontés de donner et d'accepter se manifestent successivement, il y a lieu de rechercher : 1° si elles ont concouru; 2° si elles ont concouru au moment où la tradition s'est effectuée.

L'offre et l'acceptation sont successives lorsque la tradition s'effectue par un intermédiaire. Cette hypothèse a donné lieu à de très nombreuses difficultés.

Lorsque l'intermédiaire est le mandataire du gratifié, celui-ci est réputé avoir lui-même accepté la donation et pris possession de la chose donnée au moment où le donateur en a fait l'offre et la tradition à l'intermédiaire. L'offre, l'acceptation, la tradition sont donc simultanées, et le don manuel est parfait au moment même où le donateur s'est dessaisi entre les mains du tiers.

Lorsque l'intermédiaire n'est pas le mandataire du donataire, il semble naturel de le considérer comme mandataire du donateur. En acceptant des mains de ce dernier l'objet qu'il se charge de transmettre, il contracte l'engagement de faire une chose que le donateur lui donne pouvoir de faire pour lui et en son nom. La définition du mandat donnée par l'art. 1984 Civ. paraît donc convenir exactement à l'acte juridique dont il s'agit.

La remise de la chose à l'intermédiaire constitue une offre de la part du donateur. Tant que cette offre n'est pas acceptée, elle peut être retirée, et le mandat de donner est révocable comme tout mandat (2004 Civ.). Jusqu'à l'acceptation du donataire, le concours des volontés n'existe pas ; tant que l'intermédiaire n'a pas fait tradition de la chose, le donateur n'est pas dessaisi ; il continue à posséder par son mandataire. Ce n'est qu'au moment de la mise en possession du donataire que toutes les conditions nécessaires à la validité du don manuel se trouvent réunies.

C'est ce que la Cour de cassation a jugé le 22 mai 1867 (D. P., 1867, 1, 401). Divers titres au porteur avaient été déposés entre les mains d'un notaire avec mission de les remettre à deux mineurs le jour où ils atteindraient leur majorité. Avant que cette époque ne fût arrivée, le donateur fut frappé d'interdiction. Son tuteur réclama les titres ; le tuteur des mineurs donataires s'y opposa. La Cour de Toulouse jugea que l'offre faite n'ayant pas été acceptée, le donateur était resté maître de la révoquer et que les titres devaient être restitués à son tuteur. Les donataires firent en vain plaider : que le notaire devait être réputé avoir accepté la donation au nom des mineurs ; qu'il fallait le considérer, non comme le mandataire du donateur, mais comme le *negotiorum gestor* des donataires ; que dès lors le concours des volontés et la tradition avaient en réalité eu lieu lors de la remise des titres au notaire ; qu'en conséquence, le don manuel avait été parfait et irrévocable dès ce moment. La Cour de Toulouse jugea : que le notaire ne pouvait être considéré comme ayant accepté le don pour le compte des mineurs, qu'il était le mandataire du donateur et non des donataires ; que rien n'indiquait, du reste, qu'il eût agi, pour ces derniers, en vertu d'un mandat tacite ou comme *negotiorum gestor*. — En présence de ces constatations de fait, la Cour de cassation, appelée à statuer, déclara que l'arrêt attaqué avait décidé très justement que le mandat donné au notaire était révocable et que le dépôt, à lui confié, pouvait être réclamé au nom de celui qui l'avait fait.

La thèse plaidée devant la Cour de Toulouse et condamnée par elle, dans l'arrêt précité, a souvent été soutenue, et elle a quelquefois triomphé. Il a été jugé que l'intermédiaire pouvait, et même devait, à raison seule de l'acceptation du dépôt qui lui était confié, être réputé avoir accepté la donation pour le gratifié en qualité de gérant d'affaires. (Caen, 12 janvier 1822. D. R. V°. Disp. entre vifs, n° 1645. — Troyes, 1er avril 1852 ; réformé par arrêt de Paris, 14 mai 1853. D. P., 1854, 2, 256.)

S'il est établi en fait que l'intermédiaire ait entendu gérer l'affaire du donataire, et que le donateur ait entendu se dépouiller entre les mains du

negotiorum gestor, deux questions de droit peuvent se poser : 1° L'acceptation d'un don manuel peut-elle être valablement faite par un gérant
d'affaires ? 2° Cette acceptation étant supposée valable, quelles en doivent
être les conséquences quant à la détermination du moment où s'opèrent la
tradition et le concours des volontés ?

Dans son arrêt du 22 mai 1867, précité, la Cour de cassation indique la
première question comme douteuse et ne la résout pas. Il paraît, au contraire, hors de doute à l'annotateur de cet arrêt dans le recueil de Dalloz
qu'un don manuel puisse être valablement accepté par un simple gérant
d'affaires. Cette solution semble cependant très contestable.

Il semble bien résulter des art. 933, 935, 936, 937 Civ. combinés, que les
donations solennelles ne peuvent être acceptées que par le donataire, ou
par son mandataire soit légal, soit conventionnel. L'acceptation faite par
toute autre personne, gérant d'affaires ou porte-fort, ne peut donc produire
aucun effet. (Aubry et Rau, VII, § 652, *in fine* texte et n. 17.— D. R. V°
Disp. entre vifs, n°s 1461 et 1464.) Cette règle relative à l'acceptation des
donations solennelles ne doit-elle pas être appliquée à l'acceptation des
dons manuels ? Il ne semble pas que ce soit une règle de forme, mais bien
une règle de fond ; car son but est de déterminer, non pas comment l'acceptation doit être manifestée pour être valable, mais qui a le pouvoir d'accepter. Si cela est vrai, il la faut observer dans les dons manuels ; car ces
sortes de donations n'échappent qu'aux règles de forme.

La qualification de gérant d'affaires donnée à l'intermédiaire manque
d'exactitude. Où est l'affaire à gérer ? La gestion d'affaires ne peut être
constituée que par des actes dont le but est de sauvegarder une portion du
patrimoine de celui dont l'affaire est gérée. Or, l'objet du don manuel ne
fait pas partie du patrimoine du donataire avant que le don manuel ne soit
parfait, c'est-à-dire valablement accepté. On ne peut donc, sans faire un
cercle vicieux, valider comme acte de gestion d'affaires une acceptation qui
ne peut être un acte de gestion d'affaires, que si on la suppose d'abord
valable (Laurent, t. 12, n° 295).

Est-il possible, du reste, même en attribuant à l'intermédiaire la qualité
de gérant d'affaires, de considérer le concours des volontés comme ayant
existé au moment où il a accepté pour le donataire ? Il faut, pour que celui-
ci soit lié par cette acceptation, qu'il la ratifie. La ratification a bien, en
général, un effet rétroactif ; si elle intervient avant que l'offre ne soit retirée
elle pourra être considérée comme ayant eu lieu au moment où le gérant
d'affaires a accepté. Mais la ratification ne peut elle-même intervenir vala-

blement qu'autant que l'offre subsiste ; faite après le retrait de l'offre, elle ne produit aucun effet ni dans le présent, ni dans le passé. « La rétroacti- « vité n'est qu'un effet, » dit M. Demolombe (t. 20, n° 65), « et dès que « la cause d'où il dérive ne peut plus se réaliser, il est lui-même impos- « sible. » (Aubry et Rau, VII, n° 659, n. 18.)

La même conclusion paraît donc s'imposer, soit que l'on considère l'intermédiaire comme le mandataire du donateur, soit qu'on lui attribue la qualité de gérant d'affaires du donataire ; l'offre de donner peut être retirée jusqu'à l'acceptation du donataire ou la ratification par lui de l'acceptation faite en son nom.

L'offre de donner peut-elle être retirée, même après l'acceptation faite par le gratifié, tant que l'intermédiaire ne s'est pas dessaisi de la chose entre ses mains ? En d'autres termes, à quel moment s'effectue la tradition lorsque le don manuel a lieu par intermédiaire ?

Si l'on pouvait considérer l'intermédiaire comme le *negotiorum gestor* du donataire, il n'y aurait aucune difficulté. La tradition devrait se placer au moment de la ratification. Par cet acte, en effet, le gratifié manifeste l'intention de posséder, constitue l'intermédiaire son mandataire, et possède dès lors par les mains de celui-ci.

Mais si, comme cela est beaucoup plus naturel, on considère l'intermédiaire comme le mandataire du donateur, la question est beaucoup plus délicate ; c'est à beaucoup d'égards une question de fait. Il peut se faire que le mandataire du donateur ait été à un certain moment constitué mandataire du gratifié à l'effet de conserver la chose à la disposition de ce dernier. Ce mandat a-t-il été conféré et accepté ? Voilà la question de fait qu'aucune raison de droit n'empêche de résoudre affirmativement. Il n'y a aucune incompatibilité entre la qualité de mandataire du donateur et celle de mandataire du donataire, puisque ces deux qualités sont reconnues exister, chez le même individu, successivement et non simultanément. En se constituant le mandataire du gratifié, l'intermédiaire exécute le mandat qui lui a été donné par le donateur, il transmet au donataire la possession de l'objet donné.

Rien ne s'oppose donc à ce que le juge considère l'intermédiaire comme étant, à un certain moment, devenu le mandataire du gratifié ; dans ce cas, c'est à ce moment-là même qu'il devra considérer la tradition comme effectuée. Mais les circonstances de fait peuvent être telles que l'idée d'un mandat conféré par le gratifié soit inadmissible ; il faudra bien alors considérer l'intermédiaire comme étant demeuré jusqu'au bout le mandataire du donateur, et la tradition ne s'opérera que lors de la remise effectuée entre les mains du donataire.

Ainsi, jusqu'à la tradition, l'offre peut être valablement rétractée ; mais tant qu'elle n'est pas rétractée, elle est censée subsister et partant elle peut être valablement acceptée. Cependant, même en l'absence de toute rétractation expresse, l'intention de donner ne peut être réputée survivre au donateur et elle périt nécessairement avec lui. C'est ce que suppose l'art. 932 Civ. : « L'acceptation pourra être faite du vivant du donateur. » Elle ne peut donc être faite après sa mort. Ce n'est pas là une règle de forme, ni même une règle spéciale aux donations. C'est le droit commun des contrats que l'art. 932 applique aux donations entre vifs (Aubry et Rau, IV, § 343, n. 15). Il faut, en conséquence, soumettre à cette règle les dons manuels qui se font par intermédiaire. Le donataire ne peut donc accepter après la mort du donateur et l'intermédiaire est obligé de restituer la chose aux héritiers de ce dernier.

La même solution est imposée par les règles légales qui régissent les rapports du donateur et de l'intermédiaire. Le mandat conféré par le premier au second est révoqué par la mort du mandant (2003 Civ.). Il ne peut plus être exécuté et le mandataire ne doit pas livrer la chose au gratifié.

On peut aussi caractériser les rapports du donateur et de l'intermédiaire en considérant le premier comme un déposant, le second comme un dépositaire chargé de rendre l'objet déposé à un tiers indiqué pour le recevoir. On est ainsi conduit à appliquer l'art. 1939 Civ., aux termes duquel : « En « cas de mort de la personne qui a fait le dépôt, la chose déposée ne « peut être rendue qu'à son héritier. » Cet article paraît avoir été écrit pré-« cisément pour l'hypothèse d'une libéralité faite par intermédiaire. Les raisons par lesquelles le tribun Favard justifie cette disposition légale semblent le démontrer.

« Mais si le déposant décède avant qu'un dépôt ait été rendu, à qui la « remise doit-elle en être faite ? Sera-ce à celui qui était indiqué pour rece-« voir le dépôt ? Sera-ce à l'héritier du déposant ? Il semble d'abord que la « chose déposée devrait être remise à la personne indiquée pour la « recevoir, parce qu'elle est censée y avoir une espèce de droit acquis ; « mais en y réfléchissant, on voit que le déposant a conservé jusqu'à sa « mort la propriété du dépôt, qu'il a pu le retirer à volonté, et que la « destination projetée n'ayant pu avoir son exécution, il en résulte que « l'héritier du déposant lui succède dans la plénitude de ses droits ; « qu'ainsi le dépositaire ne peut pas, à l'insu de l'héritier, disposer du

« dépôt en faveur de la personne qui lui avait été désignée, parce que le
« dépôt serait un fidéicommis qui aurait souvent pour but de cacher les
« dispositions prohibées. Le législateur a dù écarter soigneusement tout ce
« qui pourrait favoriser la violation de la loi sur la disponibilité des biens,
« surtout après lui avoir donné la latitude qu'elle devait avoir dans nos
« mœurs. » (Discours au Corps législatif, n° 20, cité dans D. R. V°,
Dépôt n° 5.)

On a nié cependant que l'art. 1939 fût applicable à l'hypothèse où un
tiers a été désigné pour recevoir le dépôt, et on a plaidé qu'il fallait, en ce
cas, appliquer l'art. 1937 Civ. C'était contredire manifestement le tribun
Favard et enlever toute raison d'être à l'art. 1939. Si cet article, en effet,
était écrit uniquement pour l'hypothèse où le déposant n'a pas indiqué que
que le dépôt dût être remis à un tiers, il serait inutile. A qui, dans ce cas,
le dépôt pourrait-il être remis, sinon aux héritiers du déposant ? Aussi
cette thèse a-t-elle été condamnée par la Cour de cassation, le 16 août
1842. (D. R., V°. Disp. entre vifs, n° 1646, n. 3.) Cet arrêt décide que
l'art. 1937 est inapplicable lorsque le déposant est mort et que l'art. 1939
régit ce cas exceptionnel. (Paris, 14 mai 1853. D. P., 1854, 2, 256.)

Il a été quelquefois jugé que l'intermédiaire devait être considéré comme
le gérant d'affaires du gratifié et que l'on devait placer le concours des
volontés de donner et d'accepter, ainsi que la tradition, au moment où le
donateur a remis l'objet à l'intermédiaire. (Req., 12 décembre 1815,
D. R. V°. Disp. entre vifs, n° 1631. Lyon, 25 février 1835, D. R., eod. l.,
n° 1648.) Cette thèse a été examinée plus haut et il n'y a pas lieu de revenir sur les raisons qui paraissent la condamner.

Une distinction a été proposée entre le cas où le donateur a indiqué que
la remise du dépôt au gratifié pouvait ou devait se faire après son décès,
et le cas où il n'a donné sur ce point aucune indication. Dans cette dernière hypothèse le dépôt devrait être restitué aux héritiers du donateur, par
application des art. 2003 et 1939 ; mais dans la première, au contraire, il
devrait être remis au gratifié (Pont. Petits contrats, n°s 480-482). Est-il
vrai, comme on le soutient à l'appui de cette distinction, que l'art. 1939 ne
soit pas fait pour l'hypothèse où le déposant a indiqué que la remise du
dépôt au tiers désigné par lui devait ou pouvait être faite après sa mort ? Le
tribun Favard parle de fidéicommis ; ce mot indique bien une disposition
qui doit être exécutée après la mort du disposant. Le but de l'article est,
suivant lui, d'éviter qu'on élude, par cette voie détournée du dépôt, les
règles sur la disponibilité des biens. Comment alors les rédacteurs de l'ar-

ticle auraient-ils pensé à en restreindre l'application au seul cas où le dépôt doit être transmis avant la mort du déposant? Il est bien plus vraisemblable de supposer qu'ils ont voulu trancher une controverse ancienne qui datait du droit romain, et proscrire l'opinion très accréditée dans notre ancienne jurisprudence qui reconnaissait comme valable le mandat donné par le déposant de remettre le dépôt, après sa mort, à un tiers désigné par lui (Aubry et Rau, IV, § 403, texte et n. 13. — D. R. V°. Disp. entre vifs, n° 1643). Si un pareil mandat est nul en vertu de l'art. 1939, il importe peu qu'il ne soit pas révoqué de plein droit par la mort du mandant et que l'art. 2003 lui soit inapplicable aussi bien qu'à tout mandat qui, dans l'intention des parties, doit être exécuté après la mort du mandant. Le mandat dont s'agit est nul pour cette autre raison qu'il a pour objet l'accomplissement d'une disposition à cause de mort qui est nulle elle-même comme contraire à la loi. Il résulte, en effet, des art. 711 et 893, que l'on ne peut disposer à cause de mort que par testament. Il n'y a pas à rechercher en fait si le mandant a entendu ou non faire une disposition à cause de mort, se dépouiller ou non irrévocablement dès le moment où il a remis la chose au mandataire. Eût-il voulu transférer à ce moment même au gratifié la propriété de l'objet donné, il l'aurait néanmoins conservée ; car sa seule volonté était impuissante à opérer cette translation de propriété ; il y fallait en outre l'acceptation du gratifié et la tradition. A défaut du consentement du donataire, il ne pouvait y avoir de donation, ni solennelle, ni manuelle, ni même déguisée. Une donation ne peut se déguiser que sous la forme d'un contrat intervenu entre le donateur et le donataire ; car ce contrat doit être tel qu'à le supposer réellement intervenu entre les parties, il eût transféré la propriété. Or, la propriété ne peut passer au gratifié par l'effet d'un mandat conféré à un tiers, c'est-à-dire d'un contrat où il n'a pas été partie (*Contra*. Pont. Petits contrats, n° 481). Le mandant a donc, jusqu'à sa mort, conservé la propriété de l'objet qu'il voulait donner ; jusqu'à sa mort il a gardé la libre disposition de cet objet. Le mandat donné au dépositaire est resté révocable jusqu'au décès du déposant et constitue d'une disposition à cause de mort. Il ne saurait dès lors avoir aucune efficacité. (Laurent, 12, n° 296. — Seine, 18 janvier 1872, D. P., 1874, 1, 481. — Req. 10 février 1879, D. P., 1879, 1, 298.)

Il est des cas où l'annulation de la libéralité faite par cette voie peut être particulièrement pénible pour le juge. Le donateur a déposé chez son mandataire une somme d'argent, en le chargeant de la distribuer aux pauvres

4

après sa mort. Cette disposition doit-elle être annulée ? Grenier (Donations, t., 1, n° 179) propose de la valider par de simples considérations d'équité et de morale. Il y aurait, dit-il, sacrilège de la part des héritiers à demander la nullité. La question s'est présentée devant le tribunal de Dunkerque, qui déclara le don manuel valablement accepté par l'ecclésiastique chargé de distribuer les aumônes, en considérant celui-ci comme le *negotiorum gestor* des pauvres. La Cour de Douai condamna la théorie de l'acceptation du don manuel par un gérant d'affaires, et, appliquant l'art. 1939, annula la disposition (Douai, 31 décembre 1834, D. R. V°. Disp. entre vifs, n° 1646). — Il semble que la libéralité eût pu être maintenue en la considérant comme faite au dépositaire lui-même, sous la condition d'en employer le montant en aumônes. (Vazeille, sur 931, n° 12.) Le donataire peut être envisagé comme enrichi par cela seul que la libéralité qui lui est faite le met à même d'exercer plus largement la charité. Il est, du reste, difficile, même au cas où l'aumône est distribuée du vivant du donateur, de considérer les pauvres qui en bénéficient comme des donataires directs. Les pauvres ne constituent pas une personne morale qui puisse recevoir des libéralités ou intervenir dans un contrat ; ils ne peuvent être considérés juridiquement *ut universi* ; la libéralité ne profitera pas, du reste, à tous les pauvres, mais seulement à certains d'entre eux. En envisageant *ut singuli* les pauvres à qui l'aumône parviendra, on est forcé de remarquer que le donateur ne les connaît pas, qu'il s'en remet à son mandataire du soin de les désigner et de déterminer pour chacun d'eux le montant de la libéralité dont il profitera. Or, le don manuel est, comme toute donation, fait *intuitu personæ ;* il implique chez le donateur l'intention de gratifier telle personne déterminée ; il implique également la détermination de l'objet donné. Il paraît donc plus juridique et plus exact de considérer le dépositaire de la somme à distribuer comme un donataire conditionnel. Il importe peu que la condition ne doive être remplie, c'est-à-dire que la distribution des aumônes ne doive être faite qu'après la mort du donateur ; cette clause n'empêche pas que la libéralité ne soit une disposition entre vifs, et ne puisse constituer un don manuel valable.

V

Capacité de disposer et de recevoir. — Don manuel entre époux. — Don fait à une personne morale. — Nécessité d'une autorisation préalable.

Les dispositions légales qui règlent la capacité de disposer et de recevoir par voie de donation entre vifs, sont des règles de fond et doivent être appliquées aux dons manuels. C'est à ces règles qu'il faut se reporter pour savoir si la capacité existe, et si elle a existé au moment opportun pour que le contrat ait pu se former.

Il peut paraître singulier qu'on ait contesté la validité du don manuel entre époux alors qu'aucun texte ne rend les conjoints incapables, l'un vis-à-vis de l'autre, de disposer ou de recevoir par cette voie. La question a été posée devant la Cour de Bordeaux qui, par arrêt du 4 mars 1835 (D. R. V°. Disp. entre vifs, n° 1602, n. 1.) a jugé que de pareilles dispositions étaient valables et révocables comme toutes donations entre époux.

Au nombre des règles concernant la capacité de recevoir se trouve l'art. 910 Civ., aux termes duquel : « Les dispositions entre vifs ou par testa- « ment, au profit des hospices, des pauvres d'une commune ou d'établis- « sements d'utilité publique, n'auront leur effet qu'autant qu'elles seront « autorisées par une ordonnance royale. »

On a contesté que cet article fût applicable aux dons manuels, et il a été jugé que c'était là une règle de forme à laquelle ils échappaient. (Paris, 12 janvier 1835, D. R. V°. Disp. entre vifs, n° 421.) Mais l'autorisation administrative ne saurait être considérée comme une formalité; c'est une condition de capacité. Cela résulte et de la place qu'occupe l'art. 910 dans le chapitre qui traite de la capacité de disposer et de recevoir à titre gratuit, et plus sûrement encore de l'esprit de cet article. Les rédacteurs du Code ont voulu réserver à l'Etat le pouvoir d'empêcher l'augmentation démesurée des biens de main-morte, de protéger les familles contre des largesses exa- gérées et les personnes morales elles-mêmes contre l'abus ou le mauvais emploi des biens qui leur sont donnés. Toutes ces raisons trouvent leur place, qu'il s'agisse de don manuel, de donation sous forme solennelle ou de legs ; il faut donc, comme l'impose la généralité de ses termes, appli- quer l'art. 910 à toutes les dispositions à titre gratuit (Aubry et Rau, VII; § 649, n. 67. — Paris, 7 décembre 1852. — D. P., 1853, 2, 92).

Une distinction est cependant possible et même nécessaire entre les dons de sommes modiques recueillies dans les quêtes et souscriptions, c'est-à-dire les libéralités communément nommées : oblations, offrandes, aumônes, et les autres dons manuels. Il serait difficile de soumettre les oblations ou aumônes à la nécessité d'une autorisation spéciale. Aussi la jurisprudence les en exempte (D. R. V°. Disp. entre vifs, n° 421. — Paris, 16 décembre 1864, D. P., 1866, 2, 191). La distinction des oblations d'avec les autres dons manuels est, du reste, une question de fait qui doit être laissée à l'appréciation du juge.

Une autre question s'est posée relativement aux dons manuels faits au profit de personnes morales. L'autorisation administrative nécessaire à leur validité doit-elle être donnée préalablement à l'acceptation ? L'acceptation faite sans autorisation oblige-t-elle le donateur sous la condition suspensive que cette autorisation sera donnée ? Le don manuel peut-il se trouver ainsi validé rétroactivement? En d'autres termes, faut-il appliquer l'art. 937 comme l'art. 910 ?

L'art. 937, bien que placé sous la rubrique : *De la forme des donations entre vifs*, n'a pas trait à une question de forme. Il se rattache à l'art. 910 et règle l'application à la matière spéciale des donations entre vifs, du principe général contenu dans cet article. L'autorisation administrative est, pour les personnes morales, une condition de la capacité de recevoir à titre gratuit. Pour accepter valablement, il faut être capable de recevoir ; de là la nécessité de l'autorisation préalable pour pouvoir accepter valablement. Si l'art. 937 n'est que la conséquence et l'application de l'art. 910, s'il a trait, comme celui-ci, à une question de capacité, c'est une règle de fond applicable aux dons manuels comme aux donations solennelles. Il faut décider, en conséquence, que toutes les fois qu'il s'agit de personnes morales autres que celles en faveur desquelles des lois spéciales, dérogeant à l'art. 937, ont permis une acceptation provisoire antérieure à toute autorisation, l'acceptation faite sans autorisation préalable n'est pas valable ; qu'elle ne lie ni la personne au nom de qui elle est faite, ni le donateur ; que celui-ci reste libre, jusqu'à ce que l'autorisation soit donnée, de retirer son offre et de réclamer ce qu'il a donné ; qu'enfin, l'autorisation ne peut plus intervenir efficacement lorsque le donateur est mort ou qu'il est devenu incapable de disposer.

Le tribunal de la Seine s'est prononcé en ce sens, le 8 août 1863. Les héritiers de la princesse de Béthune demandaient la restitution d'une somme de 125,000 fr. donnée manuellement par la princesse à la fabrique de Saint-Thomas-d'Aquin. La fabrique n'avait pas sollicité l'autorisation du gouvernement à l'effet d'accepter cette libéralité ; sur l'assignation en restitution, elle demanda au tribunal un sursis afin de lui permettre d'obtenir cette autorisation. Le tribunal repoussa cette demande de sursis ; il considéra : que l'autorisation administrative ne pouvait plus intervenir efficacement, la mort de la donatrice étant un obstacle à ce que le concours des volontés de donner et d'accepter pût exister désormais ; que l'acceptation irrégulièrement faite n'avait pu former un lien de droit entre la donatrice et la fabrique. Celle-ci fut en conséquence condamnée à restituer les 125,000 fr.

Ce jugement fut infirmé par arrêt de la Cour de Paris du 14 mai 1864 (D. P. 1866, 2, 191), et le pourvoi dirigé contre cet arrêt fût rejeté par la Chambre civile, le 18 mars 1867 (D. P., 1867, 1, 169).

La Cour de Paris considère : « qu'en matière de don manuel il est « impossible d'admettre que l'autorisation doive précéder l'acceptation. » Aucune raison n'est, du reste, donnée dans l'arrêt pour justifier de cette impossibilité qui paraît très contestable. Il serait assurément difficile d'astreindre le donataire, à peine de nullité de la libéralité qui lui est faite, à obtenir l'autorisation administrative avant de prendre possession de l'objet donné. Mais telle n'était pas la thèse du jugement rendu par le tribunal de la Seine, et telles ne sont pas les conséquences de l'application aux dons manuels de l'art. 937. Si, au moment où l'autorisation est accordée, les volontés de donner et d'accepter persistent chez le donateur et le donataire, le don manuel est dès lors parfait. Le donataire devient alors possesseur à titre de propriétaire de l'objet donné qu'il ne possédait jusque-là qu'à charge de le rendre, si le donateur le réclamait ; il s'opère à ce moment une tradition *brevi manu* et une acceptation tacite qui, jointes à l'intention de donner persistant chez le donateur, font que toutes les conditions de validité du don manuel se trouvent alors réunies. Cette acceptation tacite, résultant de la persistance d'une volonté antérieurement manifestée, est bien postérieure à l'autorisation, et l'art. 937 trouve ainsi son application littérale. Cette application n'impose donc pas l'annulation de tous les dons manuels faits à des personnes morales, lorsque les donataires sont entrés en possession avant toute autorisation administrative. Il en résulte seulement que cette autorisation doit intervenir avant tout changement dans la volonté ou la capacité du donateur ; si toutes les conditions d'existence et de validité du don manuel ne se trouvent plus réunies lorsque l'autorisation est donnée, il n'y a point de don manuel. L'acceptation faite antérieurement à l'autorisation n'a pu obliger ni le donataire qui était incapable d'accepter et de recueillir, ni le donateur qui peut arguer de l'incapacité du donataire, cette incapacité ayant été édictée dans l'intérêt du donateur comme du donataire et même dans un intérêt général d'ordre public. Cette acceptation est donc nulle, et non pas seulement, comme le dit l'arrêt de la Cour de Paris, irrégulière en la forme. L'autorisation n'est pas une formalité dont l'accomplissement puisse, à toute époque, couvrir cette irrégularité ; c'est une condition de capacité, et partant il faut, pour donner naissance au contrat de don manuel, une seconde acceptation postérieure à l'autorisation. Cette acceptation n'est possible que si l'offre de donner persiste, et elle ne peut se produire utilement après la mort du donateur.

« Il est évident, » dit l'arrêt rendu par la Cour de cassation dans cette affaire, « qu'au point de vue de l'ordre public, comme de l'intérêt des « familles, il suffit que le gouvernement soit ultérieurement appelé à « examiner si la libéralité n'excède pas les limites raisonnables. » Cette proposition semble contestable. Sans doute, lorsque le gouvernement sera appelé à statuer, même après le décès du donateur, tous les intérêts engagés dans l'affaire qu'il doit examiner se trouvent dès lors sauvegardés. Mais il faut que le gouvernement soit appelé à statuer. Or, n'est-il pas à craindre précisément que, si l'on décide en droit, avec la Cour de cassation, que l'autorisation peut intervenir efficacement à toute époque, elle ne soit jamais demandée qu'au cas où un procès en imposera la nécessité ? Beaucoup de libéralités pourront s'effectuer à l'insu du gouvernement et échapper ainsi à la nécessité de l'autorisation administrative. Le danger est grand, surtout en ce qui touche les dons manuels, qui peuvent si facilement rester secrets, et il semble bien que, pour eux plus encore que pour les donations ordinaires, l'application de l'art. 937 soit nécessaire pour garantir l'observation de la règle générale écrite dans l'art. 910, et sauvegarder le droit de surveillance qui a été réservé à l'Etat. Il faut qu'il y ait danger pour les personnes morales à garder secrètes les libéralités qui leur sont faites ; il faut qu'elles soient intéressées à solliciter aussitôt que possible l'autorisation admintstrative qui seule peut rendre irrévocable et définitive l'acquisition des objets donnés.

La nécessité d'une autorisation préalable, pour que les dons manuels faits à des personnes morales puissent être valablement acceptés, paraît donc imposée aussi bien par l'esprit des art. 910 et 937 que par la nature de la règle juridique qu'ils posent, laquelle est une règle de fond et non de forme (Aubry et Rau, VII, § 649, n. 68).

VI

Modalités. — Réserve d'usufruit. — Don fait aux approches de la mort. — Condition de survie.

Les dons manuels sont, en ce qui concerne les modalités sous lesquelles ils peuvent être consentis, soumis aux règles générales des donations entre vifs. Les difficultés auxquelles donne lieu l'application de ces règles doivent être résolues de la même façon, qu'il s'agisse de don manuel ou de donation par acte notarié. Cependant, comme ce point a été contesté dans certaines hypothèses, et comme plusieurs des questions qui peuvent, à ce sujet, se discuter à propos de toute disposition entre vifs, ont été résolues par la pratique dans des espèces où la donation était manuelle, il importe d'examiner, au cours de cette étude, quelques-unes des solutions données par la jurisprudence.

L'application de la règle : *Donner et retenir ne vaut*, a donné lieu à de nombreuses difficultés, et beaucoup de dons manuels ont été argués de nullité pour avoir été faits sous des conditions qui empêchaient le dessaisissement du donateur d'être actuel et irrévocable comme l'exige l'art. 894 Civ.

Un don manuel peut-il être fait sous la réserve de l'usufruit de la chose donnée ? La validité d'une pareille clause n'est pas douteuse lorsqu'elle est insérée dans une donation faite par acte notarié. L'art. 949 Civ. l'autorise expressément. On a nié que cet article fût applicable aux dons manuels. Par arrêt du 9 mars 1878 (D. P., 1879, 1, 253), la Cour de Paris a annulé un don de valeurs au porteur fait sous la réserve, par le donateur, d'en toucher les arrérages sa vie durant. La Cour considère, dans cet arrêt, que, pour qu'un don manuel soit valable, « il faut, en premier lieu, la tradi- « tion définitive, effective, aux mains du donataire, de la chose donnée, « et en second lieu, que cette tradition soit absolue, irrévocable, pleine et « entière. — Que le don manuel dont excipent les intimées, ne réunit ni « l'une ni l'autre de ces deux conditions ; que la réserve faite par la dona- « trice de la jouissance, pendant sa vie, des rentes et obligations dont « s'agit, prouve d'une manière incontestable qu'elle n'a pas entendu se « dessaisir actuellement et complètement de la chose donnée, laquelle ne « devait appartenir aux donataires qu'après sa mort. »

Le rédacteur de ces motifs paraît avoir confondu deux des conditions requises pour la validité des dons manuels : la tradition réelle, et le dépouillement irrévocable du donateur. La tradition est la translation de la possession ; c'est une condition de validité spéciale aux dons manuels. Le dépouillement actuel et irrévocable du donateur a rapport au transfert, non de la possession, mais de la propriété ; c'est une condition de validité spéciale pour toute donation entre vifs. La tradition doit être effective, comme le dit l'arrêt ; mais c'est là le seul caractère qui lui soit imposé ; il faut et il suffit que le donataire soit mis en possession réelle par le donateur. Il est donc inexact de dire que la tradition doive être *définitive, absolue, irrévocable, pleine et entière*. Cette exigence de l'arrêt est inspirée évidemment par le souvenir de la règle : *Donner et retenir ne vaut*. Or, cette règle est générale ; elle s'applique à toutes les donations entre vifs, même à celles qui se font par acte notarié et qui sont valables avant toute tradition, elle ne saurait donc être invoquée pour caractériser la tradition dans le don manuel. Il importe de remarquer l'inexactitude des termes employés dans l'arrêt discuté, car il semble résulter de la confusion qui en est la suite, que la règle : *Donner et retenir ne vaut* devant servir à déterminer les conditions nécessaires d'une tradition-efficace, peut s'appliquer aux donations manuelles d'une façon spéciale et rendre impossibles, dans ces sortes de libéralités, des conditions permises dans les donations solennelles. Plusieurs des qualifications par lesquelles la Cour de Paris caractérise inexactement la tradition, sont, au contraire, exactement applicables au dessaisissement du donateur ; quelques-unes sont purement arbitraires.

Il résulte, en effet, de l'art. 894 Civ. que le dépouillement du donateur doit être actuel et irrévocable ; mais cela suffit. Aucun texte n'exige qu'il soit définitif ni absolu ; il est certain, au contraire, qu'une donation peut valablement être faite sous une condition dont la réalisation ne dépend pas de la seule volonté du donateur (944) ; il serait alors inexact de dire que celui-ci se soit dépouillé d'une façon définitive et absolue. Il est également arbitraire d'exiger que le dépouillement du donateur soit plein et entier. Le sens de cette qualification n'est pas bien clair ; elle signifie probablement qu'aucune réserve ne peut être faite par le donateur quant aux divers droits réels qu'il a sur les objets dont il transmet la possession ; qu'il lui faut les donner tous sous peine de n'en donner aucun ; qu'ainsi il ne peut donner ni l'usufruit sans la nue-propriété, ni la nue-propriété sans l'usufruit. C'est là précisément la question à résoudre ; l'arrêt la tranche en considérant que la tradition doit être pleine et entière ; mais ce considérant ne constitue pas un motif.

Il faut donc écarter comme inexactes et arbitraires les exigences de la Cour de Paris relativement aux conditions que doit, suivant elle, présenter la tradition, et se demander simplement si la réserve d'usufruit faite par le donateur l'empêche de se dépouiller actuellement et irrévocablement. Il est clair qu'il s'est dépouillé actuellement et irrévocablement de la nue-propriété qui a passé sur la tête du donataire ; de deux droits qu'il possédait, le donateur a retenu l'un et donné l'autre actuellement et irrévocablement. Mais, dit la Cour de Paris, un droit de nue-propriété ne peut être donné manuellement parce qu'il n'est pas susceptible de tradition réelle. Cette thèse a été discutée plus haut, et il n'y a pas lieu de développer à nouveau les raisons qui paraissent devoir là faire écarter.

La Cour de cassation n'a pas consacré la doctrine juridique posée dans l'arrêt de la Cour de Paris ; elle a, il est vrai, rejeté le pourvoi dirigé contre cette décision, mais uniquement par ce motif que l'intention de la donatrice de ne pas transférer de son vivant la propriété des titres lui a paru avoir été appréciée en fait par les juges du fond, et que cette appréciation était souveraine. On peut donc, sans se mettre en contradiction avec cet arrêt de la Cour de cassation, décider en droit que la réserve d'usufruit est possible dans un don manuel, comme dans une donation par acte notarié. C'est ce qu'a jugé la Cour de Dijon, le 12 mai 1876 [1] (D. P. 1877, 2, 129.).

Beaucoup de dons manuels ont été argués de nullité comme constituant des donations à cause de mort. Y a-t-il un criterium qui permette de distinguer sûrement les libéralités à qui ce caractère doit être imprimé et dont il entraîne l'annulation, de celles qu'il faut maintenir ?

Le droit romain et l'ancienne jurisprudence française, dans les pays de droit écrit et dans quelques pays de coutume, admettaient trois modes de disposer à titre gratuit : la donation entre vifs, la donation à cause de mort et le testament. L'art. 893 Civ. n'en reconnaît plus que deux : la dona-entre vifs et le testament ; la donation à cause de mort est implicitement prohibée par cet article. Il importe de remarquer que cette prohibition, bien que certaine, ne résulte pas d'une disposition explicite, mais du silence de la loi. On ne peut, en conséquence, supposer, comme il serait

---

[1] La Cour de cassation vient de se prononcer dans le même sens. (Civ., 11 août 1880. D. P. 80, 1, 461.)

peut être permis de le faire si la donation à cause de mort était expressément interdite, que les rédacteurs du Code aient entendu annuler toute
libéralité qui dans le droit ancien eût constitué une donation à cause de
mort. Pour déterminer si une libéralité constitue une donation à cause de
mort, prohibée par le droit actuel, il n'y a pas lieu de se demander si elle
présente des caractères tels que les jurisconsultes romains l'eussent considérée comme une donation à cause de mort. Il faut rechercher seulement
si elle peut valoir, soit comme donation entre vifs, soit comme testament,
c'est-à-dire si elle présente les conditions extrinsèques et intrinsèques
requises pour la validité de l'un ou de l'autre de ces deux modes de disposer (Aubry et Rau, VII, § 644). Aucune libéralité ne saurait donc être
annulée comme donation à cause de mort si elle réunit les conditions de
validité, soit de donation entre vifs, soit du testament.

L'art. 894 Civ. donne une définition de la donation entre vifs. Il
résulte de ce texte que le dépouillement actuel et irrévocable du disposant
caractérise les donations entre vifs et les distingue des libéralités à cause
de mort. C'est parce que la révocabilité par la seule volonté du disposant
était de la nature, sinon de l'essence, de la donation à cause de mort,
telle que l'avaient réglée les jurisconsultes romains, que les rédacteurs du
Code ont proscrit ce mode de disposer à titre gratuit. Cette prohibition se
rattache donc, dans le droit actuel, comme dans le droit coutumier, à la
règle : *donner et retenir ne vaut*. C'est la violation de cette règle qui seule
peut constituer, dans le système du Code, une donation à cause de mort
prohibée ; et l'on ne peut invalider à ce titre aucun don manuel ayant
entraîné le dépouillement actuel et irrévocable du donateur.

Le seul fait d'avoir été consenti à une époque voisine de la mort et en
vue d'une fin prochaine ne suffit donc pas pour faire qu'un don manuel
qui a dessaisi irrévocablement le disposant dès le moment où la tradition
s'est effectuée, soit une donation à cause de mort et puisse être annulé
comme tel. Notre ancienne jurisprudence décidait, il est vrai, le contraire, sinon généralement, au moins dans certains pays coutumiers.

« Sous l'ancienne législation, dit Grenier (Donations, n° 176), dans les
« lieux où on ne pouvait faire de donations entre vifs qu'en état de santé,
« les donations verbales de sommes mobilières, suivies de tradition réelle,
« n'étaient pas valables lorsqu'elles étaient faites pendant la maladie dont
« on décédait. » Il faudrait, pour imposer aujourd'hui la nullité de ces
dispositions, un texte formel interdisant de faire, aux approches de la
mort, une donation entre vifs, et de disposer, à ce moment, autrement

que par testament. L'idée d'une prescription légale en ce sens semble s'être présentée à l'esprit des rédacteurs du Code. Malleville (sur l'art. 942) dit qu'un article avait été proposé, portant que la donation faite dans les six jours précédant la mort, ne vaudrait que comme disposition à cause de mort. Cet article fut rejeté par le Conseil d'Etat. La question a été plusieurs fois posée devant les tribunaux, et un arrêt ancien de la Cour de Paris, rendu le 4 mai 1816, dans une affaire où il s'agissait des manuscrits de M. J. Chénier, semble se prononcer dans le sens de la nullité des dons manuels faits en vue de la mort (D. R. V°. Disp. entre vifs n° 1607, 1). Mais la doctrine un peu incertaine de cet arrêt, qui est très brièvement motivé et qui a pu être déterminé par des considérations de fait particulières à l'espèce, n'a pas été adoptée par la jurisprudence. Un arrêt récent de la Cour de Nancy (20 décembre 1873, D. P. 1875, 2, 6), décide la question en sens contraire. La Cour considère en droit : « qu'une « donation n'est pas nulle par cela seul qu'elle a été faite *in extremis* « *vitæ, mortis causa, in contemplatione mortis*, pourvu qu'il y ait eu « dessaisissement actuel et irrévocable de la part du donateur au profit du « donataire, parce que, quoiqu'elle émane d'une personne qui va mourir, « elle présente, à raison de son actualité et de son irrévocabilité, tous les « caractères de la donation entre vifs, que définit et autorise l'art. 894. »

Les considérations qui précèdent conduisent à valider également le don manuel fait sous la condition suspensive du décès du donateur, ou sous la condition résolutoire de sa survie à la maladie dont il est frappé, sous la condition suspensive de la survie du donataire, ou sous la condition résolutoire de son prédécès. Toutes les conditions ci-dessus énumérées sont purement casuelles ; aux termes de l'art 944 Civ., elles ne vicient pas les donations dans lesquelles elles sont stipulées. Elles ne sont point, en effet, un obstacle au dessaisissement actuel et irrévocable du donateur. Le donataire est devenu, dès le moment de la donation, propriétaire sous condition suspensive ou sous condition résolutoire, suivant les hypothèses. Il est désormais impossible au donateur de le priver de cette propriété conditionnelle et d'empêcher qu'il ne devienne, ou qu'il ne reste, si la condition s'accomplit, propriétaire à titre définitif de l'objet de la donation. Le donateur est donc bien irrévocablement, quoique conditionnellement, dépouillé du jour même où il a donné. La définition de l'art. 894, se trouve applicable, et la libéralité dont il s'agit est bien une donation entre vifs permise et non une donation à cause de mort prohibée (Aubry et Rau, VII., § 699, texte et n. 3).

La Cour de Bordeaux s'est prononcée en sens contraire, le 8 août 1853 (D. P. 1854, 2, 82). Les faits de la cause sont analysés par son arrêt ainsi qu'il suit : « Une somme de 5,000 fr. avait été donnée à Guillaume « Petit par son oncle, la veille du décès de celui-ci, mais sous la condi- « tion expresse que le donataire la garderait, sans en disposer jusqu'à la « mort du donateur, et la lui rendrait s'il revenait à la santé. » La Cour considère : « que ce don présente tous les caractères d'une donation à « cause de mort : 1°.il est fait par le donateur à la veille de son décès, et « dans la pensée que sa mort est prochaine, *propter mortis suspicionem;* « 2° le donateur ne se dépouille pas irrévocablement de la chose donnée, « mais il la met en quelque sorte en dépôt dans les mains du donataire, « qui n'en demeurera propriétaire que si le donateur décède, et la lui « rendra s'il revient à la santé ; 3° il se préfère au donataire et préfère « celui-ci à ses héritiers ; — que si l'on peut, à la veille de la mort, faire « encore une donation entre vifs et en subordonner l'effet à une condition « suspensive ou résolutoire, la condition qu'elle ne sera définitive qu'au « décès du donateur, ou qu'elle demeurera non avenue s'il revient à la « santé, est par elle-même exclusive de l'intention de donner entre vifs et « caractéristique d'une donation à cause de mort. »

Il est possible que la donation recueillie par Guillaume Petit soit, d'après les règles du droit romain, une donation à cause de mort. Mais, ainsi que cela a été dit plus haut, il résulte du texte et de l'esprit des art. 893 et 894, que les rédacteurs du Code ont entendu prohiber, non pas les donations auxquelles pourrait convenir la définition romaine de la donation à cause de mort, mais celles auxquelles ne pourrait s'appliquer la définition de la donation entre vifs écrite dans l'art. 894. Cette définition pouvait-elle s'appliquer au don manuel recueilli par Guillaume Petit? La propriété, sous condition suspensive, des cinq mille francs reçus par lui, lui avait été acquise dès le moment de la donation ; le donateur en avait été dépouillé immédiatement et irrévocablement, puisque la condition était casuelle ; il n'avait aucun moyen de rendre inefficace le droit conditionnel qu'il avait concédé ; il ne pouvait plus révoquer ni directement ni indirectement la libéralité consen- tie par lui, et il lui était désormais impossible d'empêcher que, lui mou- rant, les cinq mille francs ne fussent acquis à son neveu. La donation sur laquelle a statué la Cour de Bordeaux différait essentiellement d'une dona- tion de biens à venir. La donation de biens à venir constitue bien, comme le dit l'arrêt, une donation à cause de mort prohibée ; c'est qu'elle ne dépouille pas irrévocablement le disposant ; celui-ci reste maître d'engager de vendre, de dissiper les biens donnés et de faire, par conséquent, que la libéralité consentie par lui soit parfaitement inefficace. La règle : *Donner et retenir ne vaut* est violée par une pareille disposition ; elle ne l'était pas par le don manuel consenti au profit de Guillaume Petit.

On lit encore dans les motifs de l'arrêt de Bordeaux : « que si le don « manuel entre vifs a été maintenu par la jurisprudence, c'est qu'il est « valable dans son essence, et que, par la nature des choses, il est « affranchi des formalités ordinaires des donations entre vifs ; qu'il est « d'ailleurs nécessaire au commerce de la vie, tandis que le don manuel à « cause de mort est loin d'avoir la même utilité et offrirait au contraire les « plus graves inconvénients, que ce serait un auxiliaire au service de « l'avidité et de la fraude qui se pressent au lit des mourants, un prétexte « tout prêt pour couvrir les plus odieuses spoliations. » — Ces considérations n'ont rien de spécial aux dons manuels consentis sous la condition du prédécès du donateur ; elles s'appliquent aussi bien à tous ceux qui sont effectués, sans condition aucune, aux approches de la mort, et dont l'arrêt attaqué reconnaît la validité. Le péril que présentent ces sortes de libéralités pourrait peut être motiver une mesure législative les frappant de nullité. Encore une telle prohibition serait-elle d'une utilité très contestable ; car, d'une part, elle serait en contradiction avec la coutume ancienne et l'opinion commune qui admettent comme valables, à quelque époque qu'ils soient faits, les dons manuels d'objets mobiliers, et d'autre part, la plupart des dangers que signale la Cour de Bordeaux peuvent être écartés par le pouvoir qu'ont les juges du fait d'apprécier souverainement, et la liberté d'esprit du disposant, et l'intention qu'il a pu avoir de ne faire qu'une libéralité révocable. Il est du reste impossible, en l'absence d'un texte précis édictant une nullité, et en présence des art. 893, 894 et 944, de fonder sur de simples considérations d'utilité, la distinction faite par l'arrêt de Bordeaux entre les dons manuels entre vifs et ceux qu'il qualifie inexactement de dons manuels à cause de mort.

Persévérant dans sa jurisprudence, la Cour de Bordeaux avait, le 30 juillet 1872, annulé, comme donation à cause de mort, une donation déguisée de la nue-propriété d'une maison faite sous la condition suspensive du prédécès du donateur. Cet arrêt fut cassé le 27 avril 1874 (D. P. 1874, 1, 319). La Cour de cassation considéra que le donateur avait été irrévocablement, bien que conditionnellement, dessaisi du droit qu'il avait abandonné et que, partant, la libéralité ne pouvait être annulée comme faite à cause de mort.

Cette solution doit être donnée pour les dons manuels comme pour toutes les dispositions entre vifs, et il faut conclure que les conditions qui permettent au donateur de révoquer directement ou indirectement la libéralité par lui faite, impriment seules à cette libéralité le caractère d'une donation à cause de mort prohibée.

VII

Rapport, réduction. — La dispense de rapport n'est pas présumée. — Comment elle s'établit. — La dissimulation d'un don manuel rapportable ou réductible constitue-t-elle un recel?

Les dons manuels sont, ainsi que l'a dit le tribun Jaubert, soumis, comme toutes donations entre vifs, aux règles du rapport et de la réduction.

L'application de l'art. 843 Civ. a donné lieu à quelque difficulté. Il résulte de cet article rapproché de l'art. 919 Civ. que la dispense de rapport doit être faite expressément, et qu'à défaut par le disposant d'avoir manifesté son intention à cet égard, soit dans l'acte contenant la disposition, soit dans un acte postérieur, il y a présomption légale que la libéralité a été faite en avancement d'hoirie. La charge incombe donc au gratifié de prouver : 1° que le disposant a voulu le dispenser du rapport; 2° qu'il a manifesté cette volonté soit dans l'acte contenant la libéralité, soit dans un acte postérieur.

Il est difficile de faire aux dons manuels l'application littérale et complète de cette règle écrite en vue des dispositions à titre gratuit faites par actes solennels. Il est certain que les dons manuels doivent, comme toutes les donations et jusqu'à preuve contraire, être présumés faits en avancement d'hoirie. Le contraire a cependant été soutenu et même jugé. Ce serait, d'après un arrêt de la Cour de Poitiers, du 3 décembre 1862 (D. P. 1863, 2, 137), « un point tenu pour constant en doctrine et en jurispru- « dence, que les dons faits manuellement, à moins de présomptions con- « traires, dont l'appréciation est laissée aux tribunaux, sont censés avoir « été faits par le donateur à titre de préciput et hors part. » — Comment admettre sans texte une présomption légale directement contraire à la présomption écrite dans l'art. 843 ? L'arrêt fait entre les dons manuels et les autres donations une distinction que repoussent le texte et l'esprit de cet article ; il renverse arbitrairement la règle qui y est écrite, en déchargeant le gratifié du fardeau de la preuve pour l'imposer au cohéritier qui demande le rapport. Aussi n'est-il pas exact de dire, comme la Cour de Poitiers, que ce soit là un point tenu pour constant en doctrine et en jurisprudence. Un grand nombre d'auteurs enseignent, au contraire, que les dons manuels ne sont pas, comme tels, dispensés du rapport (Aubry et Rau, VI, § 632, texte et n. 19); et la jurisprudence paraît fixée dans le même sens (Cass., 3 mai 1864; D. P., 1864, 1, 173).

C'est donc au gratifié qu'incombe la charge de prouver que le donateur a entendu le dispenser du rapport. Comment doit-il administrer cette preuve? Sur ce point l'application rigoureuse et littérale des art. 843 et 919 paraît difficile. Si l'on exige, conformément au texte de ces articles, que l'intention du disposant ait été manifestée par un acte de donation ou par un testament, on décide implicitement qu'il est impossible de donner manuellement avec dispense de rapport; ce serait une contradiction à la doctrine généralement admise qui dispense les dons manuels de toute forme solennelle et les assimile aux autres donations quant aux modalités sous lesquelles il peuvent valablement être consentis. Comment imposer la nécessité d'un écrit pour la constatation et la validité d'une clause de préciput, alors que le contrat dont cette clause fait partie est lui-même valable sans écrit? Un arrêt de la Cour de Bastia, en date du 26 décembre 1855 (D. P., 1856, 2, 149), a cependant jugé qu'en l'absence de tout acte, de tout écrit constatant la volonté du donateur, la dispense du rapport ne pouvait être établie par la preuve testimoniale ou les circonstances de la cause. Mais cette décision est restée isolée. Une jurisprudence constante décide que la preuve de l'intention qu'a pu avoir le donateur de dispenser le gratifié du rapport peut se tirer des circonstances diverses de la cause ; que c'est là une question de fait sur laquelle l'appréciation des juges du fond est souveraine (Cass., 12 mars 1873; D. P. 1873, 1, 194).

Les dons manuels sont rapportables et réductibles ; mais ils restent souvent ignorés des cohéritiers et des réservataires, et ils échappent ainsi fréquemment au rapport et à la réduction. Le fait, par un donataire, d'avoir nié ou dissimulé le don qu'il a reçu, dans le but de se soustraire à l'obligation du rapport ou à l'action en réduction constitue t-il un recel ou un divertissement? L'art 792 Civ. devient-il applicable? L'héritier gratifié doit-il être à la fois déchu de la faculté de renoncer, et privé de toute part dans l'objet de la libéralité dont il a dissimulé l'existence ?

La jurisprudence a, sur cette question, varié d'une façon notable. Un arrêt de la Cour de Douai, rendu le 11 mars 1854 (D. P., 1855, 1, 433), juge que le fait par des gratifiés venant à la succession de leur père, de n'avoir pas déclaré la libéralité qu'ils avaient reçue, et qu'ils étaient tenus de rapporter, ne constitue pas le recel prévu par l'art. 792. La Cour considère : « que la dame Luez Camille et Valery Leuilleux ont été investis, « pendant la vie du père de famille, de la propriété des valeurs objet de la « donation ; que ces valeurs n'étaient pas des effets de la succession ; qu'à « la vérité les donataires en devaient le rapport à leurs cohéritiers, mais « non aux créanciers ou aux légataires du défunt dont les droits s'étendent « sur l'hérédité. » La Cour appuie cette appréciation sur le texte de l'art. 802 et considère ensuite : « que l'art. 792, ne punit que le divertis- « sement ou le recel des effets d'une succession ; qu'il ne s'applique pas « au recel de tout ce qui doit entrer dans le partage, et qu'il n'est pas per- « mis d'étendre les dispositions pénales au delà de leurs termes précis. »

La définition donnée par cet arrêt des mots : *effets de la succession*, qui se trouvent dans l'art. 792, est-elle exacte ? Il est vrai de dire que, vis-à-vis des créanciers et des légataires, la succession se compose exclusivement des biens qui étaient, au décès, la propriété du *de cujus ;* les biens donnés par celui-ci de son vivant n'en font pas partie. Mais, à l'égard des cohéri- tiers, ces biens y sont compris, s'ils ont été donnés sans dispense de rap- port ; dans ce cas, en effet, ils sont partagés entre eux au prorata de leurs droits successoraux. Comment comprendre que les droits héréditaires des copartageants puissent servir de base au partage de biens qui seraient hors de la succession ? Les mots : *biens de la succession* ont, il est vrai, dans l'art. 802 le sens restreint que leur attribue l'arrêt ; ils désignent exclusi- vement les biens compris, lors du décès, dans le patrimoine du *de cujus*. C'est que l'art. 802 a pour but unique de régler les conflits qui peuvent s'élever entre l'héritier bénéficiaire d'une part, les créanciers et les léga- taires de l'autre ; il est étranger aux relations des cohéritiers entre eux. L'art. 792 a pour but, au contraire, de protéger contre la mauvaise foi d'un héritier les créanciers successoraux et les autres héritiers. Pour décou- rager cette mauvaise foi, il déclare que le recel expose celui qui le commet au double danger : 1° vis-à-vis des créanciers, d'être obligé *ultra vires successionnis ;* 2° vis-à-vis des cohéritiers, d'être privé de toute part dans les objets recelés. Le divertissement d'un objet appartenant encore au *de cujus* lors de son décès préjudicie à la fois aux héritiers et aux créanciers ; la dissimulation d'une libéralité rapportable ne nuit qu'aux héritiers. Peut-on penser que les rédacteurs de l'art. 792 n'aient entendu protéger les héritiers que contre le recel qui nuit en même temps aux créanciers ? Quelle serait la raison de cette distinction ? Il est plus naturel de supposer que le mot *succession* a, dans cet article, un sens plus étendu que dans l'art. 802, qu'il a le sens que lui attribuent l'esprit et le langage du Code lorsqu'il règle les relations entre cohéritiers. Ainsi l'art. 850 dit que le rapport se fait à la succession du donateur ; la succession comprend donc les biens rapportés ; l'art. 829 dit que les donations sont rapportées à la masse ; le mot masse est ici synonyme de succession. Les mots : *succession*, *effets de succession*, *biens de succession* n'ont donc pas une signification constante dans tous les articles du Code civil ; ils doivent être entendus suivant l'esprit et le but de la disposition dans laquelle ils sont écrits. Ainsi, de la presque similitude des termes employés dans les art. 802 et 792, on ne doit pas conclure que les biens rapportables ne soient pas, quand il s'agit de recel, des effets de la succession ; la solution inverse paraît, au contraire, dictée par l'esprit de l'art. 792.

L'arrêt, dont les motifs viennent d'être discutés, fut déféré à la Cour de cassation et le pourvoi fut rejeté par la Chambre civile, le 13 novembre 1855 (D. P. 1855, 1, 433). On ne retrouve pas dans les motifs de cette décision l'argument tiré du sens restrictif qui devait, selon la Cour de Douai, être attribué aux mots : *effets de succession*. La Cour suprême considère : « que l'art. 792 a pour objet de prévenir, en les punissant, les « détournements que les héritiers pourraient commettre des effets de la « succession, détournements qui, soit à l'égard des autres héritiers, soit à « l'égard des créanciers du défunt, constituent de véritables vols ; que le « mot *recelé* employé dans cet article, est corrélatif au mot *divertissement*, « et ne peut s'entendre, comme il s'entendait sous l'ancien droit, que de « l'action de cacher les effets détournés et volés ; que le défaut de déclara- « tion par un des héritiers des donations qui lui auraient été faites entre « vifs par le défunt; ou le défaut de représentation des objets ainsi donnés « ne constitue pas un recèlement; qu'une disposition pénale ne peut être « étendue au delà des cas expressément spécifiés. »

Suivant cet arrêt, il n'y a pas de recel sans divertissement, et ce dernier mot est synonyme de détournement et de vol. Il faut, pour donner lieu à l'application de l'art. 792, qu'il y ait eu détournement. La dissimulation d'une donation rapportable ou réductible ne constitue pas un détournement puisque que le gratifié a acquis la possession des biens donnés du consentement du propriétaire et en vertu d'un juste titre. Ce n'est, du reste, pas le seul fait frauduleux qui pourra, d'après la doctrine de l'arrêt précité, être commis impunément au préjudice des héritiers. La dissimulation d'une dette contractée envers le *de cujus* ne constitue pas non plus un détournement ; ce ne sera pas un recel. L'abus de confiance n'est pas un vol ; est-ce un divertissement ? L'art. 792 lui est-il applicable ? Il semble bien que non, d'après les termes de l'arrêt. Cette dernière solution cependant paraît inacceptable à l'annotateur de l'arrêt dans le recueil de Dalloz. Comment croire, dit-il, que les rédacteurs de l'art. 792 aient entendu distinguer entre divers délits, également punis par le Code pénal, également préjudiciables aux héritiers ? Il n'y a, en effet, aucune raison qui puisse justifier une pareille distinction. Mais est-il plus raisonnable de distinguer entre des faits inspirés par une même pensée de fraude, suivant qu'ils sont, ou non, qualifiés de délits par la loi pénale ? Il est probable que les rédacteurs de l'art. 792 n'ont fait ni cette seconde distinction, ni la première. S'il n'avait dû, dans la pensée de ses auteurs, s'appliquer qu'aux délits déjà prévus par la loi pénale, l'art. 792 eût pu être considéré comme superflu. Les peines du vol ne devaient-elles pas être estimées suffisantes pour le punir et détourner de le commettre même au préjudice d'une succession ? Il est bien plus vraisemblable de penser que les rédacteurs de l'art. 792, ont entendu punir et décourager les fraudes qui échappaient à la loi pénale. L'art. 792 a pour but de sauvegarder la loyauté du partage ; il atteint et punit toute dissimulation frauduleuse ayant pour effet d'y porter atteinte en excluant de la masse partageable des biens qui devaient y être compris. La dissimulation d'une dette envers la succession, celle d'une libéralité rapportable ou réductible, constituent donc de la part d'un héritier des *recels* punissables aux termes de l'art. 792. Cette signification étendue est imposée au mot *recel* par l'esprit même de la disposition dans laquelle il est écrit, et on ne saurait la restreindre en se fondant sur le sens attribué par la loi pénale à des termes analogues.

La Cour de cassation a condamné elle-même la définition qu'elle avait donnée du recel et du divertissement. On lit dans un arrêt du 23 août 1869 (D. P. 1869, 1, 456) : « qu'en l'absence de circonstances particulières et « précises qui leur en attribuent légalement les caractères tels qu'ils sont « déterminés par la loi pénale, les faits de recel ou de divertissement « prévus par ledit article (792) n'impliquent point nécessairement l'exis- « tence de délits proprement dits ; qu'ils peuvent résulter de toute fraude

« ayant pour but de rompre l'égalité des partages entre cohéritiers, et
« notamment du silence que l'un des héritiers aurait gardé intentionnelle-
« ment sur l'existence d'un effet de la succession qui se trouvait entre ses
« mains. »

Dans l'espèce, l'héritier avait dissimulé une dette dont il était tenu envers
la succession. Mais les motifs de l'arrêt conviendraient tout aussi bien à
l'hypothèse d'une libéralité rapportable ou réductible. L'application à
cette hypothèse de l'art. 792 a été faite par la Cour de Paris, dans un
arrêt du 3 janvier 1873 (D. P., 1875, 2, 5). Il s'agissait, dans l'affaire,
d'un don manuel de 40,000 fr. fait par un père à l'un de ses enfants, et
dont le gratifié avait dissimulé l'existence à ses cohéritiers, alors qu'il était
d'ailleurs légataire de toute la quotité disponible. La Cour considère :
« que Lefebvre fils pouvait avant le décès de son père détenir sans fraude
« ce qui provenait des libéralités paternelles ; mais qu'il n'en était plus
« de même après le décès ; qu'en effet il devenait alors débiteur de la
« succession, où tout au moins détenteur vis-à-vis de sa cohéritière de
« tout ce qu'il avait reçu ; — qu'en conservant pardevers lui les sommes
« ainsi reçues, en gardant intentionnellement et de mauvaise foi le silence
« à l'inventaire, en persistant à nier toute détention sur les diverses
« interpellations faites, il en était le recéleur et en devait la restitution
« intégrale. »

Il y a lieu de croire que cette interprétation nouvelle de l'art. 792 s'est
définitivement substituée à l'ancienne[1]. Plus conforme à l'esprit de la loi,
sans être contraire à son texte, elle sauvegarde mieux la loyauté du partage ; elle assure plus efficacement l'application des règles légales concernant l'égalité entre cohéritiers et la réserve héréditaire ; règles que la
multiplication des valeurs au porteur permet d'éluder si facilement
aujourd'hui, et que, du moins, il ne faut pas permettre d'enfreindre sans
risque, par une fraude qui, découverte, ne serait pas punie.

---

[1] En sens contraire : Aix, 21 janvier 1880. (D. P. 80, 2, 253).

VIII

Preuve. — § 1ᵉʳ. Preuve contre le donataire. — § 2. Preuve par le donataire. — § 3. Conséquences de l'indivisibilité de l'aveu.

L'application aux dons manuels des règles générales de la preuve a donné lieu dans la pratique à d'assez nombreuses difficultés. A qui incombe la charge de la preuve ? Quels sont les modes de preuve admissibles ? Il est nécessaire d'examiner séparément les diverses hypothèses dans lesquelles ces questions peuvent se poser.

§ 1ᵉʳ. — PREUVE CONTRE LE DONATAIRE.

Le don manuel est allégué contre le prétendu donataire. Celui-ci le nie. Il s'agit, par exemple, soit d'une demande en révocation intentée par celui qui soutient avoir fait la libéralité, soit d'une demande en rapport ou en réduction intentée par ses héritiers.

La charge de la preuve incombe naturellement à ceux qui allèguent l'existence du don manuel. Il s'agit de prouver un contrat; les règles qui régissent la preuve des faits juridiques se trouvent, partant, applicables. Ainsi la preuve par témoins ou par simples présomptions sera, en principe, prohibée pour tous les dons manuels excédant 150 fr., et elle ne pourra être administrée que dans les cas exceptionnels prévus par la loi. Pour être admis à l'employer, le demandeur devra produire un commencement de preuve par écrit, ou bien établir qu'il a été dans l'impossibilité de se procurer une preuve littérale. Cette impossibilité existe pour tous ceux qui n'ont pas été parties au contrat de don manuel, et auxquels cette libéralité préjudicie. Ainsi des héritiers qui demandent à leur cohéritier le rapport d'un don manuel ne peuvent être astreints à l'obligation d'apporter la preuve écrite de la libéralité qu'ils allèguent, et ils doivent être admis à en prouver l'existence par tous moyens, même par simples présomptions.

C'est ce qu'a jugé la Cour de cassation le 13 août 1866 (D. P., 1866, 1, 466). La même solution doit être, pour les mêmes raisons, donnée dans l'hypothèse où des héritiers réservataires demandent la réduction d'un don manuel dont l'existence est déniée. (Req. 18 mars 1872, D. P., 1872, 1, 309 ; — Aix, 21 janvier 1880, D. P. 1880, 2, 253.)

Le demandeur a-t-il, au contraire, eu la faculté et le devoir de se procurer une preuve écrite de la donation ; s'agit-il par exemple d'un donateur qui demande la restitution d'une somme d'argent donnée par lui de la main à la main, en se fondant sur ce que le gratifié était légalement incapable de recevoir, il ne pourra, si la libéralité est déniée, en prouver l'existence ni par témoins, ni par simples présomptions, à moins de produire un commencement de preuve par écrit. (Paris, 22 janvier 1850, D. P., 1850, 2, 27.)

§ 2. — PREUVE PAR LE DONATAIRE.

Le don manuel est allégué par le prétendu donataire actionné en restitution ; c'est une explication qu'il donne de l'origine de sa possession. Dans quelles circonstances pourra-t-il être obligé de prouver la libéralité qu'il allègue ? Par quels moyens devra-t-il en faire la preuve ?

Une demande en restitution suppose le défendeur en possession ; s'il est en possession, il est protégé par l'art. 2279 et dispensé de justifier d'un titre d'acquisition. Il n'a donc, pour défendre à l'action en restitution qui lui est intentée, ni à alléguer, ni à plus forte raison à prouver qu'il est devenu propriétaire de l'objet qu'on lui réclame par suite d'un don manuel. C'est au demandeur qu'il incombe de prouver que la possession du défendeur est vicieuse et qu'elle ne lui permet pas d'invoquer l'art. 2279. Il n'y a pas lieu de traiter ici en détail des conditions dans lesquelles doit se trouver le possesseur d'un meuble pour pouvoir s'abriter derrière cette disposition légale. Il importe seulement de remarquer qu'une des conséquences de l'art. 2279 est que, dans l'hypothèse d'une action en restitution intentée contre le possesseur d'un meuble, le défendeur n'est pas tenu, s'il allègue un don manuel, de prouver cette allégation, et que c'est au demandeur à en démontrer la fausseté. Les raisons qui imposent cette solution sont nettement résumées dans un arrêt de la Cour de Nancy, du 8 février 1873 (D. P., 1873, 2, 26). Le tribunal de Neufchâteau avait condamné le sieur Pothier, faute de justifier d'une possession légitime, à restituer aux héritiers d'une dame Gaillard , différentes valeurs au porteur provenant de la succession. La Cour réforme ce jugement ; elle considère : « qu'il résulte « des documents de la cause que Pothier possède des valeurs mobilières « ayant appartenu à la dame Gaillard, valeurs qu'il soutient lui avoir été « remises par celle-ci, à titre de don manuel, un ou deux jours avant sa « mort ; que cette possession constante crée à son profit, non pas sans « doute une présomption *juris et de jure*, mais une présomption *juris* « *tantum*, qui doit lui suffire tant qu'elle n'a pas été détruite par une « preuve contraire, laquelle est évidemment à la charge de l'héritier par « cette triple raison : qu'il figure en qualité de demandeur au procès, « qu'en fait de meubles la possession vaut titre, et que *in pari causâ* « *melior est causa possidentis ;* qu'en paraissant mettre d'une manière « théorique à la charge de Pothier la preuve de la légitimité de sa posses- « sion, les premiers juges ont donc interverti les solutions et les rôles... »

Comme le dit la Cour de Nancy, la possession crée une présomption de propriété, mais cette présomption peut être combattue par la preuve contraire. Le demandeur en restitution a la charge de cette preuve, mais il doit être admis à la faire ; l'art. 2279 ne lui interdit pas de démontrer que la possession du défendeur est vicieuse ou, ce qui revient au même, que le possesseur est tenu d'une obligation personnelle de restituer. Par quels moyens cette preuve pourra-t-elle être faite ? Cela dépend de la nature du fait allégué comme ayant engendré l'obligation personnelle de restituer dont il s'agit d'établir l'existence à la charge du défendeur (Pau, 12 janvier 1874, D. P., 1875, 2, 113). Cette obligation peut résulter d'un contrat, d'un quasi-contrat, d'un délit ou d'un quasi-délit.

Si le demandeur allègue un contrat, s'il prétend, par exemple, que le défendeur a reçu les valeurs qu'il détient par suite d'un mandat, il doit en faire la preuve d'après les règles qui régissent la preuve des contrats. Les témoignages et les simples présomptions sont en principe inadmissibles. C'est ce que la Cour de Paris a jugé le 19 décembre 1871 (D. P., 1873, 2, 131). Le tribunal de la Seine avait admis sur de simples présomptions l'existence d'un dépôt dont le demandeur se prévalait pour réclamer la restitution de certaines valeurs ; le défendeur prétendait avoir reçu ces valeurs à titre de don manuel. La Cour, réformant ce jugement, décida qu'il fallait appliquer les articles 1923 et 1924, et que, partant, il était impossible, en l'absence d'un commencement de preuve par écrit, de prouver un dépôt par de simples présomptions.

L'obligation de restituer est-elle au contraire, dans le système de la demande, imposée au défendeur par un quasi-contrat ou un délit [1], la preuve en pourra être faite par tous moyens, et les simples présomptions seront, comme les témoignages, admissibles sans commencement de preuve par écrit. Cela a été maintes fois jugé dans des espèces où l'origine de la possession du défendeur était attribuée à un détournement. (Paris, 25 mars 1876, D. P., 1877, 2, 9).

Les simples présomptions pouvant suffire, dans certains cas, à établir que la possession du défendeur a une origine vicieuse, il en résulte que celui-ci a très souvent intérêt, au lieu de se borner à discuter les preuves fournies par le demandeur, à essayer d'établir l'existence du don manuel par lequel il explique sa possession. Comment fera-t-il cette preuve? Faut-il dire avec la Cour de Paris, dans son arrêt du 25 mars 1876 précité, qu'il devra la faire par écrit au dessus de 150 fr.? Cette application des art. 1341 et suivants à une espèce où la preuve testimoniale du don manuel était offerte par le possesseur pour combattre les présomptions de détournement qui s'élevaient contre lui, paraît bien contestable. Il s'agissait bien moins pour le possesseur de prouver un contrat que de défendre à une accusation de détournement. Comment permettre au demandeur de prouver par tous moyens le détournement qu'il impute au défendeur, et refuser à celui-ci d'établir par témoins ou par présomptions l'existence d'un fait qu'il lui suffirait de démontrer pour mettre à néant l'accusation dirigée contre lui? N'est-ce pas créer entre les deux parties une inégalité de situation choquante? Si le demandeur attribuait l'origine de la possession du défendeur à un contrat, il ne pourrait, comme cela a été dit plus haut, en faire la preuve par témoins ou par présomptions que s'il produisait un commencement de preuve par écrit. C'est le droit commun, et il faudrait, dans cette hypothèse, l'appliquer au défendeur comme au demandeur; tous deux, alléguant des contrats, devraient être soumis aux mêmes règles, quant à l'admissibilité des moyens de preuve. Mais lorsque le demandeur allègue un délit, dont il peut faire la preuve par tous moyens, il est impossible de ne pas permettre au défendeur d'établir, aussi par tous moyens de preuve, les faits qui peuvent servir à sa défense, ces faits fussent-ils des contrats. (Paris, 9 août 1875, D. P., 1877, 2, 56.)

---

[1] Il y a exemption pour les délits qui, comme l'abus de confiance, impliquent l'existence d'un contrat. La preuve préalable et nécessaire de ce contrat ne peut se faire, même devant les tribunaux criminels, que conformément aux règles des art. 1341 et s. Civ. D. R. V° Abus de confiance, n°⁵ 184 et s.)

§ 3. — CONSÉQUENCES DE L'INDIVISIBILITÉ DE L'AVEU.

Le principe de l'indivisibilité de l'aveu est souvent invoqué dans les contestations qui naissent à propos de dons manuels. Le défendeur à une action en restitution avoue qu'il possède les valeurs réclamées, mais il déclare en même temps qu'il les a reçues à titre de don manuel. Quelles sont les conséquences juridiques de cette déclaration? Dans quelle mesure le demandeur pourra-t-il s'en prévaloir? La possession du défendeur doit être tenue pour avérée; en est-il de même du don manuel? L'art. 1356, en interdisant de diviser l'aveu contre celui qui l'a fait, est-il un obstacle à ce que le demandeur puisse contester le don manuel, tout en s'appuyant sur le fait dès lors constant de la possession du défendeur?

Avant d'examiner cette question délicate, il importe de remarquer que la règle de l'indivisibilité de l'aveu n'a pas d'application possible au cas où cet aveu ne constitue pas la preuve unique de la possession du défendeur. Dans ce cas, en effet, le demandeur ne saurait être contraint d'accepter dans son entier une déclaration dont il n'a pas besoin de se prévaloir; l'aveu ne lui profite pas, il ne saurait lui nuire. (Aubry et Rau, VIII, § 751, texte et note 40.) Ce point paraît certain bien qu'il ait été quelquefois contesté. « Il est constant en droit, » dit la Cour de Paris dans un arrêt du 25 mars 1876 (D. P. 1877, 2, 9), « que le principe de l'indivi-
« sibilité de l'aveu judiciaire est applicable seulement dans l'hypothèse où
« celui de l'une des parties est le seul fondement de l'action intentée par
« l'autre; mais si, indépendamment de l'aveu, celle-ci fait la preuve des
« faits allégués par elle et justifie de son droit par des moyens qui lui sont
« propres, elle a pu se passer de l'aveu; et par conséquent elle ne peut
« être repoussée par le principe de l'indivisibilité; en décidant autrement
« on paralyserait injustement entre les mains du demandeur les éléments
« de preuve que pourrait lui fournir sa cause, tandis qu'on laisserait à la
« disposition du défendeur un moyen facile de combattre sa demande par
« un aveu frauduleusement calculé. »

Lorsqu'il n'est apporté, de la possession du défendeur, d'autre preuve que l'aveu de celui-ci, l'art. 1356 Civ. est incontestablement applicable, et le demandeur ne peut diviser l'aveu fait par son adversaire. Il ne peut, en conséquence, prendre pour constant le fait avoué de la possession et rejeter comme non prouvée l'allégation du don manuel. Il avait à établir : 1° la possession du défendeur ; 2° l'origine vicieuse de cette possession. La possession est prouvée par l'aveu, mais le vice de son origine reste à démontrer, et la charge de cette preuve incombe au demandeur après comme avant l'aveu. Ceci n'est pas contesté. Mais le point de savoir si cette preuve reste ouverte au demandeur est, au contraire, très discuté. Ne lui est-elle pas interdite par l'art. 1356, et n'est-ce pas diviser l'aveu que de tenir pour avérée une des déclarations qu'il renferme et de contester l'autre ?

Il faut, dit M. Laurent (t. 12, § 288), que les demandeurs « prennent « la déclaration telle qu'elle est faite ; ils ne seraient pas admis à prouver « qu'il n'y a point de don manuel ; ils ne seraient pas même admis à « prouver que le défendeur a diverti ou recelé les choses qu'il possède, car « on suppose qu'ils ne connaissent le fait de la détention que par l'aveu du « défendeur ; or, cet aveu est complexe, il faut qu'ils le prennent en son « entier ; le défendeur n'a pas avoué purement et simplement qu'il possé- « dait les valeurs litigieuses, il a avoué qu'il possédait comme donataire ; « il est donc prouvé par son aveu qu'il est donataire. »

Cette solution et l'interprétation de l'art. 1356, sur laquelle elle est fondée, paraissent également contestables. Il est logiquement impossible de mettre sur la même ligne, quant au degré de créance qu'elles méritent, les deux parties de l'aveu, et de considérer comme également probables les deux faits affirmés par l'avouant : la possession qui est à la fois alléguée par le demandeur et reconnue par le défendeur ; le don manuel qui est nié par l'un des plaideurs et affirmé par celui-là seul à qui il doit profiter. Comment la déclaration d'un intéressé pourrait-elle créer au profit de celui qui l'a faite une présomption non susceptible d'être combattue par une preuve contraire, c'est-à-dire une véritable présomption légale ? Il faudrait un texte pour établir cette présomption légale, et il n'y a, dans les termes de l'art. 1356, rien qui impose ou même qui permette de repousser la preuve offerte de l'inexactitude partielle de l'aveu. Bien au contraire, l'art. 1356 autorise l'avouant à revenir sur son aveu, à prouver qu'il est inexact, par suite d'une erreur de fait. La preuve contraire est ouverte à l'auteur de l'aveu ; comment serait-elle interdite à son adversaire ?

M. Laurent semble du reste avoir abandonné l'opinion qui vient d'être discutée, et qu'il avait énoncée en traitant des dons manuels. Voici ce qu'il écrit (n° 206, t. 20), lorsqu'il établit la théorie générale de l'indivisibilité

de l'aveu : « Est-ce à dire que celui qui a intérêt à se prévaloir de la
« déclaration principale ne puisse pas combattre les déclarations acces-
« soires? Ce n'est pas là diviser l'aveu. On divise l'aveu quand on rejette
« purement et simplement une partie de la déclaration pour s'en tenir à
« l'autre. On ne divise pas l'aveu quand on demande à le combattre dans
« un de ses éléments. La raison et la conscience sont d'accord avec le droit.
« On recherche la vérité ; l'aveu spontané que fait la partie intéressée est
« un moyen précieux de la découvrir, mais à la condition que les déclara-
« tions soient sincères. De là suit qu'on doit permettre à l'adversaire de la
« partie intéressée de rétablir la vérité si elle est altérée par des déclarations
« mensongères. Il y aurait une contradiction immorale et illogique tout
« ensemble à établir comme principe que l'aveu fait foi comme déclaration
« de la vérité et à écarter la preuve de la fausseté de cette déclaration ; ce
« serait dire que le mensonge fait foi quand on lui donne la couleur d'un
« aveu judiciaire..... (n° 207) On peut combattre les déclarations accessoires
« comprises dans l'aveu, en vertu du droit commun qui permet en règle
« générale de combattre une preuve par une preuve contraire. Il faudrait
« une disposition formelle qui défendît la preuve contraire pour que le
« juge eût le droit de la rejeter. »

Ainsi l'aveu ne constitue pas, au profit de celui qui l'a fait, une preuve
irréfragable de tous les faits dont il contient la déclaration, et l'indivisibilité de cet aveu ne rend point inadmissible la preuve de son inexactitude
partielle ; elle la rend simplement nécessaire en obligeant le juge à réputer
vraies, jusqu'à ce que cette preuve soit fournie, toutes les déclarations de
l'avouant. « Le principe de l'indivisibilité de l'aveu, » disent MM. Aubry
et Rau (VIII, § 751, n. 36), « a pour unique objet qu'on ne puisse inter-
« vertir la position des parties en ce qui concerne la charge de la preuve. De
« même que la partie, au profit de laquelle le fait principal a été reconnu,
« se trouve affranchie de l'obligation de le prouver, de même aussi la
« partie qui a fait l'aveu doit être dispensée de prouver les déclarations
« accessoires qu'il renferme, puisque autrement elle serait privée de l'avan-
« tage que lui donnait sa position de défenderesse à la demande ou à
« l'exception. Mais on donnerait au principe dont s'agit une extension
« contraire à la raison, si l'on interdisait à celui qui se prévaut d'un aveu
« indivisible la faculté de prouver la fausseté des déclarations accessoires
« qui lui seraient contraires. »

Le prétendu donataire ne saurait donc, en s'appuyant sur l'indivisibilité
de son aveu, empêcher que son adversaire, tout en tenant pour dès lors

constante la possession avouée, ne soit admis à prouver que le don manuel
allégué n'a jamais été consenti. Il reste au demandeur la faculté et l'obligation de compléter la preuve qui lui incombait. La possession du défendeur
est établie, il reste à démontrer que cette possession a pour origine non pas
un don manuel, mais un fait d'où résulte pour le possesseur une obligation
de restituer. Quels seront les moyens de preuves admissibles ? Cela dépend
de la nature du fait allégué comme ayant engendré la possession. Les
règles générales de la preuve doivent être appliquées ainsi qu'il a été dit
plus haut. Le défendeur est-il accusé d'un délit ou d'un quasi-délit, la
preuve testimoniale et les simples présomptions peuvent suffire à en établir
l'existence et à démontrer ainsi le défaut de sincérité de l'aveu. La seule
invraisemblance du don manuel peut, en ce cas, constituer une présomption suffisante pour en exclure l'idée et faire présumer le détournement.
(Req., 5 août 1869, D. P., 1870, 1, 84.)

— Le demandeur allègue-t-il au contraire que le défendeur possède en
vertu d'un contrat autre que le don manuel, il doit en établir l'existence par
écrit. Il ne pourra donc invoquer ni les témoignages, ni les présomptions,
ni par conséquent l'invraisemblance du don allégué, pour démontrer sur
ce point la fausseté de l'aveu. (Dijon, 12 mai 1876, D. P., 1877, 2, 139 ;
— Paris, 19 juillet 1875, D. P., 1876, 2, 128 ; — Paris, 23 novembre 1861,
D. P., 1862, 2, 206. Req., 10 novembre 1879, D. P., 1880, 1, 390.)

Il est à remarquer que l'art. 1356 si souvent invoqué par le défendeur à
une action en restitution ne lui est cependant d'aucun secours en ce qui
touche la preuve du don manuel qu'il allègue, et que son application
ne modifie pas la situation que lui fait, comme à tout possesseur de meuble,
l'art. 2279. Ce dernier article, en effet, suffit pour imposer les solutions qui
viennent d'être indiquées ; le possesseur d'un meuble n'a pas besoin de
justifier d'un titre d'acquisition ; s'il en allègue un, par exemple un don
manuel, cette allégation doit être réputée vraie jusqu'à la preuve contraire
qui reste à la charge du revendiquant. Cette conséquence de l'art. 2279 a
été indiquée plus haut, et il n'y a pas lieu de revenir sur ce point, sinon
pour remarquer que, l'art. 1356 n'existât-il pas, il faudrait décider de
même que la preuve du don manuel n'incombe pas au défendeur qui
l'allègue comme la cause d'une possession qu'il reconnaît.

Le principe de l'indivisibilité de l'aveu peut, au contraire, être très
utilement invoqué par le défendeur, alors que le point contesté est non plus
de savoir si le don manuel a été consenti, mais si il a été consenti sous telle
modalité. Lorsque l'aveu du défendeur est la seule preuve apportée de

l'existence même de la donation, toutes les déclarations contenues dans cet aveu sont, ainsi qu'il a été dit plus haut, réputées vraies jusqu'à preuve contraire. Le don manuel est donc, jusqu'à preuve contraire, censé avoir été consenti avec les modalités indiquées par l'avouant. C'est ce qu'a jugé la Cour de Caen par arrêt du 28 novembre 1861. (D. P., 1862, 2, 103.) Il s'agissait dans l'espèce de savoir si un héritier devait le rapport d'un don manuel qu'il avait reçu du défunt. Il avouait la libéralité, mais il affirmait qu'elle lui avait été faite avec dispense du rapport. En dehors de cet aveu, aucune preuve n'était fournie par les demandeurs de l'existence même du don manuel. La Cour de Caen jugea que l'aveu du donataire ne pouvait être divisé et admit, en l'absence de toute preuve contraire, la dispense du rapport. La Cour n'eut pu décider autrement sans se mettre en contradiction avec l'esprit même de l'art. 1356. Le demandeur avait, dans l'espèce, à établir que le défendeur était tenu du rapport; il devait donc prouver : 1° que le défendeur avait reçu une libéralité ; 2° que cette libéralité lui avait été faite en avancement d'hoirie. Il résulte bien de l'art. 843 Civ. cette présomption que toute donation est faite en avancement d'hoirie et que la dispense de rapport doit être prouvée par celui qui l'invoque. Mais pour invoquer l'article 843, et pour rejeter ainsi le fardeau de la preuve sur le défendeur, le demandeur eut dû établir l'existence de la libéralité par des preuves autres que l'aveu même de son adversaire. L'art. 1356 a précisément pour objet d'empêcher que la position des parties ne soit intervertie en ce qui concerne la charge de la preuve.

IX

Une loi limitative de la faculté de disposer par voie de don manuel est-elle désirable?

Le développement qu'a pris de nos jours la richesse mobilière et l'importance actuelle des valeurs au porteur ont augmenté les inconvénients et les dangers des dons manuels. Les jurisconsultes et les arrêts (Laurent, t. 12, n° 276 ; — Demolombe, t. 20, n° 58 ; — Nancy, 20 décembre 1873, D. P., 1875, 2, 6) sollicitent souvent sur ce point l'attention du législateur, et signalent la contradiction que présente, dans notre droit actuel, l'exigence d'un acte notarié pour le don d'une parcelle de terre avec la facilité de donner de la main à la main des titres d'une valeur énorme. Cette contradiction est évidente ; mais il est plus facile de la signaler que d'indiquer un moyen pratique de la faire disparaître. Est-il possible de l'effacer en soumettant toutes les donations de meubles à l'observation des formes solennelles ?

La prohibition absolue des dons manuels est impossible. Une première difficulté serait donc de déterminer la limite au-delà de laquelle les donations de meubles devraient, pour être valables, se constater par acte notarié. La valeur maxima des dons manuels valables sans acte devrait-elle être fixée à un chiffre invariable, ou varier avec la fortune du disposant dont elle serait une quote part ? On ne peut fixer un maximum invariable sans méconnaître que la valeur des biens est chose relative, ni prendre pour base du calcul la fortune du donateur sans s'exposer à de grandes difficultés pratiques concernant la preuve de la consistance de cette fortune au moment de la libéralité.

Quel serait du reste le résultat d'une loi limitative de la faculté de disposer par voie de don manuel ? Dans quelle mesure pourrait-elle remédier aux inconvénients et parer aux dangers que présente ce mode de disposer à titre gratuit ?

Le don manuel peut facilement rester secret ; il offre par suite un moyen efficace de tourner les dispositions légales qui touchent aux incapacités de disposer et de recevoir et à la réserve héréditaire. Ce premier inconvénient survivrait à une loi limitative de la faculté de donner manuellement, car cette loi n'atteindrait pas les libéralités qui resteraient secrètes. Le secret des dons manuels tient à la nature même des choses qui en sont l'objet et à la manière dont s'opère en général la translation de la propriété mobilière. Une prohibition même absolue ne saurait donc empêcher les donations manuelles d'être souvent un moyen efficace de disposer au profit d'un incapable ou de dépasser les limites de la quotité disponible.

Le plus grave inconvénient du don manuel est l'incertitude même de son existence. La plupart des arrêts très nombreux qui sont rendus en cette matière ont pour objet de décider si une libéralité a été ou non consentie. Le plus souvent la question est débattue entre le gratifié et les héritiers du prétendu donateur ; le premier est accusé de détournement, il allègue le don manuel. Les héritiers peuvent faire la preuve du détournement par tous moyens, même par simples présomptions. Le juge a donc un très large pouvoir d'appréciation, et il semble que ce soit là une garantie suffisante contre les spoliations possibles ou du moins qu'il soit difficile d'en trouver une autre. Comment la situation faite aux héritiers serait-elle modifiée par une loi limitative de la faculté de disposer par voie de don manuel? Les héritiers resteraient obligés à faire la preuve du détournement, car le défendeur possède et il n'a pas à justifier d'un titre d'acquisition. Ils pourraient, il est vrai, faire cette preuve bien plus facilement; car l'hypothèse d'un don manuel étant forcément écartée, le défendeur ne pourrait plus expliquer ainsi sa possession; il serait donc conduit pour échapper à la présomption d'un détournement à alléguer une acquisition à titre onéreux; cette allégation pourrait être, dans beaucoup de cas, assez invraisemblable pour que la présomption d'un détournement s'impose à l'esprit du juge. L'impossibilité d'une vente pourrait être démontrée dans beaucoup d'hypothèses où la possibilité d'un don manuel ne permet pas une démonstration suffisante du détournement. Un certain nombre de spoliations commises au préjudice des successions se trouveraient ainsi atteintes par suite d'une limitation légale de la faculté de donner de la main à la main. Mais cette limitation n'aurait-elle point, en regard de cet avantage, un très grave inconvénient? Les dons manuels constituent aujourd'hui une pratique très répandue; une loi qui en restreindrait l'usage se heurterait à des habitudes anciennes; elle serait en contradiction avec l'opinion commune et d'ailleurs si naturelle, suivant laquelle la propriété des meubles se transmet à titre gratuit, comme à titre onéreux, sans qu'il soit besoin d'acte écrit. Une loi imposant aux donations de meubles dont la valeur excéderait un certain chiffre la nécessité d'un acte authentique, serait en opposition avec le développement de la jurisprudence actuelle qui tend, au contraire, à restreindre l'application des dispositions légales qui touchent à la solennité. Il semble en conséquence qu'une telle loi offrirait plus d'inconvénients que d'avantages; mieux vaut peut-être laisser à la prudence du juge, dont le pouvoir d'appréciation est à peu près absolu, le soin de découvrir la fraude et d'empêcher qu'elle ne puisse être profitable.

APPENDICE

DES DONS MANUELS AU POINT DE VUE FISCAL

SOMMAIRE

Etat de la jurisprudence avant la loi du 18 mai 1850. — Les dons manuels restent frappés d'un droit d'acte, non d'un droit de mutation. — La régie peut-elle chercher, en dehors des énonciations de l'acte soumis à la formalité, la preuve du don manuel? — La déclaration doit, pour donner ouverture au droit, être faite dans un acte. — Le procès-verbal de la délibération prise par la commission administrative d'un hospice, à l'effet d'accepter un don manuel, est-il un acte? — *Quid* au cas où la délibération mentionne un don manuel fait par un inconnu? — Les procès-verbaux dont s'agit doivent-ils être enregistrés dans les vingt jours de leur date? — Faut-il distinguer entre les déclarations volontaires et les déclarations forcées? — La reconnaissance judiciaire doit-elle avoir lieu en présence du donataire? — L'officier public, rédacteur de l'acte contenant la déclaration, doit-il acquitter le droit de donation? — La loi de 1850 atteint-elle les déclarations postérieures à sa promulgation, mais relatives à des dons manuels antérieurs?

L'art. 6 de la loi du 18 mai 1850 est ainsi conçu :

« Les actes renfermant soit la déclaration pour le donataire ou ses repré-
« sentants, soit la reconnaissance judiciaire d'un don manuel, seront
« sujets aux droits de donation. »

L'application de cet article ayant donné lieu à d'assez nombreuses difficultés, il importe de rechercher quel a été le but et quelle est la portée de
cette disposition légale.

La loi du 22 frimaire an VII frappait les donations mobilières d'un
droit d'acte et non d'un droit de mutation. Il en résultait qu'aucun droit
n'atteignait les dons manuels dont l'existence, bien que constante et même
avouée, n'était pas cependant constatée par un acte (D. R. V°. Enregistrement, n° 3675). Il en résultait encore que l'énonciation d'un don manuel
faite, dans un acte, par le donateur hors la présence du donataire, ou

inversement par le donataire hors la présence du donateur, ne donnait ouverture à aucun droit d'enregistrement. La régie reconnaissait qu'en ce cas elle n'avait rien à réclamer (D. R. V°. Enregistrement, n° 3676). Elle prétendait, au contraire, à la perception du droit de donation toutes les fois que le donateur et le donataire étaient présents ou représentés à l'acte dans lequel mention était faite du don manuel. Cette prétention donna lieu à de nombreuses décisions judiciaires et à de notables variations dans la jurisprudence. La Cour de cassation distingua par de nombreux arrêts le cas où le donateur n'avait comparu à l'acte énonciatif du don manuel qu'en qualité de témoin ou pour assister et autoriser le donataire (D. R. V°. Enregistrement, n° 3682), du cas où son intervention avait pour but de reconnaître par sa propre déclaration l'existence du don manuel. (D. R., V°. Enreg., n° 3683 et s., et arrêts cités en note.) La régie n'admit pas cette distinction et réussit à ébranler la jurisprudence qui la consacrait. Plusieurs décisions de la Cour de cassation admirent que le droit était dû toutes les fois que le donateur comparaissait, à quelque titre que ce fût, à l'acte mentionnant le don manuel. Un seul cas était excepté, celui où la signature du donateur était requise *ad honorem* seulement. (D. R. V°. Enreg., n°s 3687-3691.)

Tel était, avant 1850, l'état de la jurisprudence en ce qui touche les droits d'enregistrement auxquels pouvait donner lieu la mention d'un don manuel dans un acte postérieur. Il en résultait que tout droit pouvait être évité en employant, pour faire une donation mobilière, la voie du don manuel, et que l'on pouvait échapper cependant à l'un des plus graves inconvénients de cette forme de disposer, c'est-à-dire à la difficulté de la preuve, en constatant l'existence du don dans un acte postérieur. La seule précaution à prendre, pour se mettre à l'abri de toute réclamation de la part de la régie, était de ne pas faire figurer le donateur dans l'acte mentionnant la libéralité. L'exigibilité du droit était même très vivement contestée au cas où le donateur était présent à cet acte. Aussi un très grand nombre de contrats de mariage mentionnaient-ils des dons manuels antérieurs au lieu de constater les donations consenties aux époux au moment même de la passation du contrat. On cherchait aussi, dans les actes de partage entre cohéritiers, à échapper au droit de soulte et de retour de lot, en assignant comme origine à la dette qu'il s'agissait de constater non la plus-value du lot assigné au cohéritier débiteur, mais l'existence supposée d'un don manuel dont le rapport était dû à la succession. L'Assemblée législative estima que cette pratique causait au Trésor un grave préjudice et l'art. 6 de la loi de 1850 fût voté dans le but d'empêcher qu'on pût à l'avenir échapper, par ce moyen, à l'application du droit de donation.

L'article 6 de la loi de 1850 soumet au droit de donation « les actes « renfermant soit la déclaration, soit la reconnaissance judiciaire d'un « don manuel. » Ce n'est pas la mutation résultant de la libéralité, mais l'acte qui la constate que vise cet article. Après comme avant la loi de 1850, les donations mobilières restent donc frappées d'un droit d'acte, non d'un droit de mutation. Il en résulte : qu'aucun droit n'est dû à raison d'un don manuel, même constant, dont aucun acte ne contient la déclaration ou la reconnaissance judiciaire ; que la régie ne peut, en conséquence, chercher ailleurs que dans des actes la preuve de la libéralité qu'elle veut atteindre ; qu'enfin elle n'a pas le droit de combattre l'exactitude d'une déclaration par des preuves extrinsèques à l'acte qui la contient.

Ce dernier point a été contesté. Un contrat de mariage contenant une constitution dotale, pour la future épouse, d'une somme de 86,000 fr. motiva de la part de la régie la réclamation du droit de donation. Nulle mention de don manuel n'était cependant faite dans le contrat ; la future épouse y déclarait, au contraire, que la somme qu'elle se constituait en dot lui provenait de ses gains et économies. C'était là, suivant la régie, une déclaration nécessairement contraire à la vérité ; la future n'avait jamais eu de revenus personnels ; elle n'avait pas exercé de profession ; la somme qu'elle déclarait posséder et se constituer en dot devait, en conséquence, lui provenir, non de gains ou économies impossibles, mais de libéralités à elle faites par ses ascendants. Par un jugément du 31 décembre 1856 (D. P., 1859, 1, 510), le tribunal de Semur décida que le droit de donation était dû. Le tribunal reconnaît, dans les motifs de ce jugement, que toute recherche touchant l'existence d'un don manuel est, il est vrai, interdite à la régie en l'absence d'un acte ; mais il considère ensuite : « que si la loi n'a point voulu autoriser des investigations inquisitoriales et « vexatoires, elle n'a pas non plus couvert de sa protection les déclarations « inexactes et mensongères faites pour éluder ses prescriptions... que « l'administration de l'enregistremeet a le droit de rechercher et de consta- « ter le véritable caractère des stipulations contenues dans les contrats « pour arriver à asseoir d'une manière conforme à la loi les droits dus « par les parties contractantes. » — La doctrine de ce jugement paraît bien contestable. Il faut sans doute reconnaître à la régie, lorsqu'il s'agit d'un droit de mutation à percevoir, la faculté de prouver par tous moyens, même à l'encontre des énonciations contenues dans les actes, l'existence de la mutation qu'elle veut atteindre. La régie doit aussi, lorsqu'il s'agit d'un droit d'acte, être admise à prouver que la qualification donnée par les parties au contrat qu'elles ont voulu constater est inexacte ; mais, dans ce cas, la preuve à faire par l'administration ne se peut tirer que de l'acte même soumis à la formalité ; c'est par l'analyse et le rapprochement des diverses clauses de cet instrument qu'il lui faut établir le véritable caractère du contrat qu'il constate. N'y a-t-il pas quelque contradiction à reconnaître, d'une part, que le don manuel ne peut être atteint que par un droit d'acte, et à décider, d'autre part, que ce droit est dû à raison d'un don manuel dont l'acte soumis à la formalité contredit l'existence? N'est-ce point aller contre l'esprit de la loi que d'admettre sur ce point des preuves extrinsèques à l'acte qui est enregistré ? C'est précisément en vue d'éviter les inconvénients et les dangers résultant de l'administration de ces preuves extrinsèques que le législateur a frappé les donations mobilières d'un droit d'acte et non d'un droit de mutation. — Déféré à la Cour de cassation, le jugement du tribunal de Semur fut cassé le 28 novembre 1859 (D. P., 1859, 1, 510). Par un autre arrêt du même jour (D. l. c.), la Cour rejeta le pourvoi dirigé contre un jugement du tribunal de Chatillon (D. P., 1859, 3, 70), qui, dans une espèce analogue, avait interdit à la régie de faire, par des présomptions extrinsèques au contrat de mariage, la preuve de la libéralité alléguée par elle.

Ainsi la régie n'est pas recevable à établir l'existence d'un don manuel par des preuves extrinsèques à l'acte qui est soumis à la formalité. Inversement, le redevable ne doit point être admis, pour échapper à l'application du droit de donation, à arguer de ce que le don manuel, dont un acte contient la déclaration, n'aurait pas été valablement fait. C'est là une preuve extrinsèque à l'acte soumis à l'enregistrement dont l'emploi n'est permis ni à la régie, ni contre la régie. C'est ce qu'a jugé la Cour de cassation, par un arrêt du 15 février 1870 (D. P., 1870, 1, 365), dans une espèce où un partage de communauté renfermait la déclaration de dons manuels antérieurs ayant eu pour objet diverses valeurs parmi lesquelles des créances ordinaires. Des créances ordinaires ne peuvent être données manuellement, disait le pourvoi ; le donataire n'en a pas été valablement saisi. La Cour considéra : « qu'il importait peu que les « valeurs données consistassent en objets mobiliers ou en créances, « pourvu qu'elles eussent été reçues par le donataire ; que le droit était dû « sur l'acte qui constatait le don, sans que la régie eût à rechercher com- « ment s'était opérée la transmission. »

Toute déclaration de don manuel entraîne l'application du droit de donation lorsqu'elle est faite dans un acte. Il est quelquefois malaisé de distinguer si un écrit constitue ou non un acte. Ainsi on a très vivement controversé la question de savoir s'il faut voir un acte dans le procès-verbal d'une délibération prise par une commission hospitalière et portant acceptation d'un don manuel au nom de l'hospice. Le tribunal de Lyon a jugé qu'il y avait là un acte et que le droit de donation était dû. Ce jugement fut cassé par un arrêt du 12 janvier 1870 (D. P., 1870, 1, 265). Le tribunal de Bourg devant lequel l'affaire fût renvoyée n'adopta pas la doctrine de cet arrêt et donna, comme le tribunal de Lyon, gain de cause à la régie. Le pourvoi dirigé contre cette décision fut rejeté par un arrêt des Chambres réunies du 19 mai 1874 (D. P., 1875, 1, 17). Ainsi, sur cette question qui a une très grande importance pratique, la solution donnée par la Chambre civile a été repoussée par les Chambres réunies, et avec raison, croyons-nous. Il semble difficile de ne voir, avec la Chambre civile, qu'une pièce d'administration intérieure dans le procès-verbal d'une délibération dont les effets dépassent le cercle de l'administration intérieure. Le procès-verbal dont s'agit n'est pas, il est vrai, un acte de donation, mais c'est un acte d'acceptation ; il constate, en même temps que l'acceptation, l'offre faite et la tradition effectuée, c'est-à-dire toutes les conditions d'existence et de validité du don manuel ; il constate aussi les conditions et les charges sous lesquelles la libéralité a été consentie, c'est-à-dire les clauses du contrat intervenu entre le donateur et le donataire. Est-ce donc là une simple pièce d'administration intérieure, un écrit administratif ? N'est-ce pas, au contraire, un acte véritable, un instrument, c'est-à-dire un écrit destiné à constater un acte juridique ?

L'arrêt de la Chambre civile mentionné plus haut dit que des délibérations à raison desquelles le procès était engagé, les unes mentionnaient des offres réalisées, les autres des offres à réaliser. L'arrêt des Chambres réunies constate, au contraire, que le versement des sommes données a été effectué avant la délibération. Le point de savoir si l'offre a été ou non réalisée, si la tradition a été ou non opérée avant la délibération, nous paraît, bien que la Chambre civile semble mettre les deux hypothèses sur la même ligne, avoir une grande importance relativement à la solution de la question présentement discutée. Si la tradition n'a pas été opérée, la délibération ne peut porter que sur une offre de don manuel qui sera ou non réalisée, suivant qu'il plaira au donateur. L'acceptation de cette offre ne peut lier le donateur, qui reste libre, tant qu'il garde la possession des objets offerts par lui, de les conserver ou de les donner, de tenir ou non la promesse qu'il a faite et qui, bien qu'acceptée, n'est point pour lui légalement obligatoire. Le procès-verbal de la délibération d'acceptation ne contient pas, dans cette hypothèse, la déclaration d'un don manuel, mais simplement d'une offre de don manuel. On se trouve, en conséquence, en dehors du texte de l'art. 6 de la loi de 1850, en dehors aussi de son esprit qui répugne à toute extension et notamment à l'assimilation de l'offre de don manuel au don manuel. On ne peut supposer, en effet, aux auteurs de cette loi l'intention de frapper d'un droit de donation une offre de libéralité qui, malgré l'acceptation qui en est faite, peut n'être jamais réalisée. C'est en ce sens que le tribunal de Remiremont (D. P., 1875, 1, 17, note) a interprété la loi de 1850 par un jugement du 9 juillet 1874, dans les considérants duquel on lit : que l'auteur de cette loi « n'a pu évidemment avoir « en vue que la déclaration ou la reconnaissance de dons manuels accom- « plis et devenus parfaits par la tradition, condition *sine quâ non* de leur « existence ; que la mention ou la déclaration d'un don manuel à l'état « d'offre non réalisée ne saurait dès lors tomber sous l'application de la loi « invoquée. » L'administration de l'enregistrement, approuvant cette doctrine, a autorisé l'exécution du jugement qui la contenait par une solution du 20 août 1874 (D. P., 1875, 1, 17, note).

Quid au cas où le donateur ne s'est pas fait connaître et où il n'a, du reste, imposé aucune condition ni aucune charge à sa libéralité ? Une instruction de l'administration de l'enregistrement (D. P., 1875, 1, 17, note) décide que la mention d'une pareille libéralité dans une délibération de la commission administrative de l'hospice gratifié ne saurait entraîner le payement du droit de donation. « Le texte de la loi de 1850, porte cette « instruction, indique que le législateur a voulu atteindre non toute « déclaration ou reconnaissance de don manuel, mais les actes proprement « dits contenant une déclaration ou reconnaissance de don de l'espèce. Or, « on ne saurait ranger dans cette catégorie la délibération d'une commis- « sion administrative qui, en constatant la remise d'une somme d'argent « par une personne *inconnue*, ne fait que déterminer l'emploi de cette « somme. Une telle déclaration ne peut être considérée que comme une « simple pièce d'administration intérieure qui n'a jamais été sujette à « l'enregistrement et qui ne saurait le devenir par cela seul qu'il y est fait « mention d'une somme versée, à titre de don, dans la caisse de l'éta- « blissement. »

La doctrine de cette instruction qui, du reste, est antérieure à l'arrêt des

Chambres réunies, paraît bien contestable. Le don manuel émanant d'une personne inconnue n'en est pas moins une donation, laquelle ne saurait être valable si elle n'est acceptée par le gratifié. Peu importe que la donation soit pure et simple, elle doit, comme la donation avec charges, être acceptée à peine de nullité; c'est un contrat qui ne saurait exister sans le concours des volontés du donateur et du donataire. La délibération de la commission administrative était nécessaire pour que l'acceptation fût valablement faite, et le procès-verbal de la délibération est l'instrument d'un acte juridique, c'est-à-dire un acte véritable et non pas seulement une pièce d'administration intérieure. On se trouve dès lors dans les termes de l'art. 6 de la loi de 1850, et le droit est dû. Serait-il, du reste, équitable d'exiger le droit de donation lorsque le donateur est connu, d'en faire remise lorsqu'il est inconnu, d'en frapper une donation avec charges, d'en dispenser une donation pure et simple?

Le procès-verbal d'une délibération portant acceptation d'un don manuel doit-il être, à peine du double droit, enregistré dans les vingt jours de sa date? Faut-il lui appliquer les articles 36 de la loi de frimaire an VII, et 78 de la loi du 15 mai 1818? La régie l'a soutenu, mais sa prétention a été repoussée par le jugement du tribunal de Lyon, mentionné plus haut, en date du 11 mai 1867 (D. P., 1870, 1, 265). La doctrine de ce jugement ne peut qu'être approuvée. L'art. 78 de la loi de 1818 soumet à l'enregistrement dans le délai de vingt jours les actes portant transmission de propriété. Le texte dit *portant* et non *mentionnant*. On ne peut assimiler ces deux expressions; l'esprit de la loi s'y oppose. Il semble bien, en effet, que les auteurs de l'art. 78 aient eu seulement en vue les actes ayant pour but de servir d'instrument à une convention translative de propriété. C'est ainsi que la loi a toujours été interprétée; jusqu'en 1850, on n'a jamais pensé que les procès-verbaux dont s'agit fussent frappés d'un droit d'enregistrement. On rangeait, au contraire, ces actes au nombre de ceux que l'art. 80 de la loi de 1818 exempte de tout droit. La loi de 1850 n'a pas eu pour but de modifier l'interprétation naturelle et généralement admise des art. 78 et 80 de la loi de 1818, mais d'atteindre des actes que cette loi n'atteignait pas. Les actes administratifs mentionnant un don manuel sont maintenant frappés d'un droit d'enregistrement, mais ils ne sont point pour cela rangés dans la catégorie des actes visés par l'art. 78 de la loi de 1818. La loi de 1850 impose un droit mais ne prescrit aucun délai de rigueur pour la présentation de l'acte à la formalité; on ne peut ajouter à ses prescriptions en la combinant avec la loi de 1818 qui n'a jamais été applicable aux actes dont s'agit.

L'art. 6 de la loi de 1850 assimile à la déclaration du don manuel sa reconnaissance judiciaire. Il n'y a pas, en conséquence, lieu de distinguer entre les déclarations volontaires et spontanées et celles qui ne sont faites que pour obéir à une prescription légale. Ainsi il a été jugé par la Cour de cassation que le droit de donation était dû à raison de la déclaration faite dans un interrogatoire sur faits et articles (Cass., 30 août, 1869, D. P., 1870, 1, 35), ou dans une enquête (Cass., 7 janvier 1873, D. P., 1873, 1, 36). Par le premier de ces arrêts, la Cour casse un jugement du tribunal de Cherbourg dans les considérants duquel on lit : « que si toute personne « comparaissant en justice pour donner dans un interrogatoire, dans une « expertise, dans une enquête, les renseignements qui lui sont demandés, « se trouvait, par suite des déclarations passées, exposée aux poursuites « du fisc, de pareils témoignages n'offriraient plus à la justice les mêmes « garanties de sincérité et les mêmes ressources pour arriver à la décou- « verte de la vérité. » La Cour de cassation n'a pas discuté cette considé- ration dans les motifs de son arrêt ; elle se borne à remarquer que l'art. 6 de la loi de 1850 est conçu en termes généraux. Par son arrêt du 7 jan- vier 1873, elle casse un jugement du tribunal d'Epinal qui reproduisait la doctrine du tribunal de Cherbourg. On lit, en effet, dans les motifs de cette décision : « que le témoin appelé dans une enquête civile, n'étant ni partie « dans la cause, ni libre de ne pas comparaître et de ne pas répondre avec « vérité aux questions qui lui sont adressées, la déclaration qu'il fait, « dans sa déposition, d'un don manuel fait à son profit, ne saurait être « atteinte par les dispositions de l'art. 6 de la loi du 18 mai 1850 ; que « quelque généraux et absolus que soient les termes de cet article, on ne « peut penser qu'il y ait lieu à son application en pareil cas, lorsqu'on « songe aux dangers qui en résulteraient pour la sincérité du témoignage « en matière civile. » Cette considération n'est pas relevée dans l'arrêt de cassation qui est fondé, comme le précédent, sur la généralité des termes de la loi de 1850. Il est certain que le texte de cette loi n'autorise aucune distinction ; il reste néanmoins permis de se demander si cette conséquence de la généralité des termes de l'art. 6 s'est présentée à l'esprit de ceux qui l'ont écrit, et si les auteurs de la loi de 1850 ont eu l'intention de frapper du droit de donation les déclarations faites dans les enquêtes et les interro- gatoires sur faits et articles. Les déclarations faites dans de pareilles condi- tions ne peuvent avoir pour but ni pour effet de tourner les lois antérieures sur l'enregistrement ; elles ne peuvent être, comme celles faites dans les inventaires ou les contrats de mariage, un moyen d'échapper aux droits de donation ou de soulte; or, c'est précisément cette façon de tourner les lois antérieures sur l'enregistrement que les auteurs de l'art. 6 de la loi de 1850 ont eu pour but de rendre impossible. Cependant, bien que l'application de ce texte aux déclarations faites dans les interrogatoires sur faits et articles et dans les enquêtes puisse paraître en dehors des prévisions des auteurs de la loi, la généralité des termes dont ils se sont servis ne semble pas permettre d'y soustraire les actes dont s'agit, et il faut reconnaître qu'une distinction en ce sens, bien qu'elle puisse paraître souhaitable, serait une addition arbitraire au texte de la loi de 1850.

Dans son jugement du 18 décembre 1867, précité (D. P., 1870, 1, 35), le tribunal de Cherbourg s'était appuyé, pour repousser la demande de la régie, sur une autre considération. Dans l'espèce où il avait à statuer, l'une des parties en cause avait déclaré, dans un interrogatoire sur faits et articles, qu'un don manuel lui avait été fait par une personne qui n'était pas en cause. Le tribunal considère : « que la déclaration ou reconnaissance « judiciaire de don manuel doit être autre chose qu'une simple allégation ; « qu'elle doit constituer un titre au profit d'une partie en cause, non plus « comme constatant une donation, mais comme constatant un fait juri- « dique, créateur d'un droit quelconque ; qu'à l'instance où l'interrogatoire « a été passé, personne ne pouvait prendre droit à un titre quelconque par « les déclarations des époux Durel ; que les donatrices alléguées y étaient « étrangères, que leurs représentants auraient pu tout au plus puiser dans « cet interrogatoire un commencement de preuve par écrit..... que les « parties en cause ne pouvaient davantage y puiser le principe d'aucun « droit ; que, dans ces circonstances, la reconnaissance n'ayant pu créer un « titre au profit de qui que ce soit ne pouvait donner naissance au droit « d'acte ; que sans doute on pouvait trouver là l'aveu d'une donation, « mais que le droit de donation ayant continué à être un droit d'acte, la « régie n'est pas plus autorisée à percevoir ce droit sur un simple aveu « qu'elle ne pourrait le recevoir sur une déclaration passée au bureau du « receveur. »

Le droit de donation est resté un droit d'acte ; il en résulte que, pour y donner ouverture, la déclaration doit être consignée dans un acte, mais il n'en résulte pas que cet acte doive être tel qu'il puisse servir de titre au donateur ou à ses représentants. On pouvait soutenir le contraire avant la loi de 1850 ; mais toutes les controverses qui s'agitaient, avant cette époque, sur le point de savoir si la présence du donateur comme partie ou comme témoin était nécessaire ou suffisante pour donner ouverture au droit de donation, sont maintenant tranchées par la loi susdite. L'art. 6 de cette loi n'exige ni que l'acte puisse servir de titre au donateur, ni que le donateur soit présent à cet acte, ni que la déclaration puisse être d'une utilité quelconque aux parties présentes à l'acte dans lequel elle est consignée. C'est sur ces considérations que la Chambre civile s'est appuyée pour casser le jugement du tribunal de Cherbourg qui vient d'être rapporté.

L'art. 6 de la loi de 1850 assimile à la déclaration pour le donataire ou ses représentants la reconnaissance judiciaire du don manuel. Quand cette reconnaissance judiciaire a lieu en la présence du donataire, nul doute que le droit ne soit dû. En est-il de même lorsque le jugement est rendu hors la présence du donataire ? Le tribunal de la Seine s'est prononcé négativement sur cette question par un jugement du 15 janvier 1876 (D. P., 1877, 3, 95). Un arrêt rendu entre des héritiers réservataires et un légataire universel avait reconnu l'existence d'un don manuel fait par le *de cujus*, à un tiers qui n'était pas en cause. Le droit de donation fut perçu lors de l'enregistrement de l'arrêt, et le tribunal jugea que la restitution en était due. Cette décision est critiquée dans le recueil de Dalloz comme constituant une addition arbitraire au texte de l'art. 6 de la loi de 1850. Cet article ne dit pas expressément, il est vrai, que la reconnaissance doive avoir lieu en présence du donataire, mais ne le dit-il pas implicitement? Notons dans ce texte le mot *reconnaissance* judiciaire. Cette expression semble bien impliquer la présence dans l'instance de l'une au moins des parties au don manuel. Cette partie était certainement, dans l'esprit des auteurs de la loi, le donataire ; on a entendu assimiler à la reconnaissance volontaire du gratifié la reconnaissance forcée qui lui serait imposée par une décision de justice. Les mêmes raisons qui ont inspiré la distinction entre les déclarations faites pour le donataire ou ses représentants et les déclarations émanées de toute autre personne, doivent déterminer une distinction analogue entre les jugements rendus en présence du gratifié et ceux rendus hors sa présence. Cette distinction faite par le tribunal de la Seine, dans le jugement précité, n'est pas contraire au texte de la loi et elle est conforme à son esprit.

La loi de 1850 frappe les déclarations de don manuel d'un droit d'acte ; il en résulte que l'art. 29 de la loi de frimaire an VII est applicable à ces déclarations, et que l'officier public, rédacteur des actes où elles sont consignées, est tenu d'acquitter le droit de donation lorsqu'il présente ces actes à l'enregistrement. C'est ce qu'a décidé la Cour de cassation dans une espèce où il s'agissait d'une déclaration de don manuel faite dans un inventaire. Le notaire qui avait reçu l'inventaire se refusait à payer le droit de donation. L'art. 29, disait-il, ne vise que les droits dont l'exigibilité résulte des stipulations même de l'acte, et non ceux dont l'exigibilité est simplement démontrée par l'acte; or, l'inventaire ne fait, en révélant une libéralité antérieure, que démontrer l'exigibilité du droit de donation. — Cela serait vrai s'il s'agissait de percevoir un droit de mutation, mais il s'agit de percevoir un droit d'acte. — Mais, disait encore le notaire, l'obligation de payer les droits d'acte est en corrélation avec la faculté d'exiger des parties la consignation préalable des droits, ou, à défaut de cette consignation, de refuser d'instrumenter. Quand il s'agit d'un inventaire, le notaire ne peut prévoir que des déclarations de don manuel seront faites et se faire consigner à l'avance des droits de donation; il ne peut, non plus, se refuser à insérer de pareilles déclarations, puisqu'elles servent à déterminer la consistance de la succession, ce qui est précisément le but de l'inventaire; enfin il ne peut pas davantage se refuser à continuer l'inventaire. Sera-t-il donc obligé d'avancer le droit et de courir le risque de l'insolvabilité des parties? — L'administration répondait que l'art. 29 de la loi de frimaire était général, qu'aucun texte n'y faisait exception au cas d'impossibilité pour le notaire d'exiger la consignation; que, du reste, le notaire pouvait parfaitement se refuser à continuer l'inventaire si les droits de donation ne lui étaient consignés; que le refus de consignation pouvait, en effet, être considéré comme mettant le notaire dans l'impossibilité d'instrumenter. — Le tribunal de Vervins a donné gain de cause à la régie, et le pourvoi dirigé contre ce jugement a été rejeté par arrêt de la Chambre civile, en date du 10 décembre 1877. (D. P., 1878, 1, 198.)

L'art. 9 de la loi de 1850 est ainsi conçu : « Les actes et mutations qui « auront acquis date certaine avant la promulgation de la présente loi « seront régis par les lois antérieures. » La loi de 1850 ne doit donc pas avoir d'effet rétroactif. A ce point de vue, une controverse s'est élevée sur le point de savoir si la loi était applicable à un acte postérieur à sa promulgation, mais contenant déclaration d'un don manuel antérieur à ladite promulgation. Il s'agit d'un droit d'acte et non d'un droit de mutation; il semble bien, en conséquence, qu'on doive s'attacher à la date de l'acte et non à la date de la mutation. La Cour de cassation a cependant décidé le contraire par arrêt du 24 janvier 1854 (D. P., 1854, 1, 326). La Cour affirme, dans les motifs de cet arrêt, que décider autrement serait donner à la loi un effet rétroactif; c'est précisément la question à résoudre. Elle considère ensuite : « que s'il est question dans cette disposition (9, L.

« 1850) des actes en même temps que des mutations, la loi suppose évi-
« demment qu'il importe peu que l'acte énonciatif lui soit postérieur, dès
« que la mutation empruntera à sa date antérieure, légalement établie, la
« franchise du droit que la loi précédente lui assurait, et que la loi nou-
« velle déclare vouloir lui maintenir. » N'y a-t-il point quelque contradiction à constater, d'une part, que la loi de 1850 n'atteint pas les dons
manuels, et à décider, d'autre part, qu'il faut, quant à son application,
se préoccuper de la date même du don manuel ; à reconnaître, d'une part,
que la déclaration du don manuel est seule soumise au droit d'enregistrement établi par ladite loi et, d'autre part, à faire abstraction, relativement
à la perception du droit, de la date de cette déclaration? Il semble plus
naturel de penser que la loi de 1850 doit s'appliquer à toutes déclarations
ou reconnaissances judiciaires postérieures à sa promulgation, quelle que
soit la date de la libéralité qu'elles constatent.

TABLE DES MATIÈRES

THÈSE DE DROIT ROMAIN

DES CONDITIONS REQUISES POUR QUE LÀ TRADITION SOIT TRANSLATIVE DE LA PROPRIÉTÉ

THÈSE DE DROIT FRANÇAIS

DES DONS MANUELS

APPENDICE

FIN DE LA TABLE.

POSITIONS

DROIT ROMAIN

I. La tradition n'est pas translative de propriété lorsque le *tradens* est propriétaire sans le savoir.

II. Le dissentiment sur la cause de la tradition n'est pas un obstacle à la translation de la propriété lorsque, malgré ce dissentiment, les parties sont d'accord pour opérer cette translation.

III. Une cause illicite n'empêche pas la tradition d'être translative de la propriété.

IV. La tradition est translative de la propriété au profit du mandant, malgré l'intention cachée du mandataire d'acquérir pour lui-même.

DROIT CIVIL

I. Les effets de commerce endossés en blanc peuvent être l'objet d'un don manuel.

II. Un droit d'usufruit ou de nue-propriété peut être l'objet d'un don manuel.

III. Le don manuel fait à une personne morale n'est, en général, valable qu'à la condition d'une autorisation préalable du gouvernement.

IV. La dissimulation d'un don manuel rapportable ou réductible constitue un recel.

DROIT PÉNAL

I. La nullité du premier ou du second mariage constitue, dans une accusation de bigamie, une exception préjudicielle de la compétence de la juridiction civile.

(Rennes, 27 août 1879. D. P., 1880, 2, 189.)

II. Les jugements rendus au criminel ont force de chose jugée à l'égard de toutes personnes.

(*Sic.* Caen, 15 mars 1880. — *Contra*, note sous l'arrêt. D. P., 1881, 2, 49.)

DROIT ADMINISTRATIF

I. L'administration de l'enregistrement n'est pas recevable, pour atteindre un don manuel, à combattre l'exactitude d'une déclaration par des preuves extrinsèques à l'acte qui la contient.

II. Le procès-verbal d'une délibération d'une commission hospitalière portant acceptation d'un don manuel au nom de l'hospice, donne ouverture au droit de donation.

Vu :

Lyon, le 28 mai 1881.

Le *Doyen*, *président de la thèse*,

E. CAILLEMER.

Vu et permis d'imprimer :

Lyon, le 31 mai 1881.

Le Recteur,

E. CHARLES.

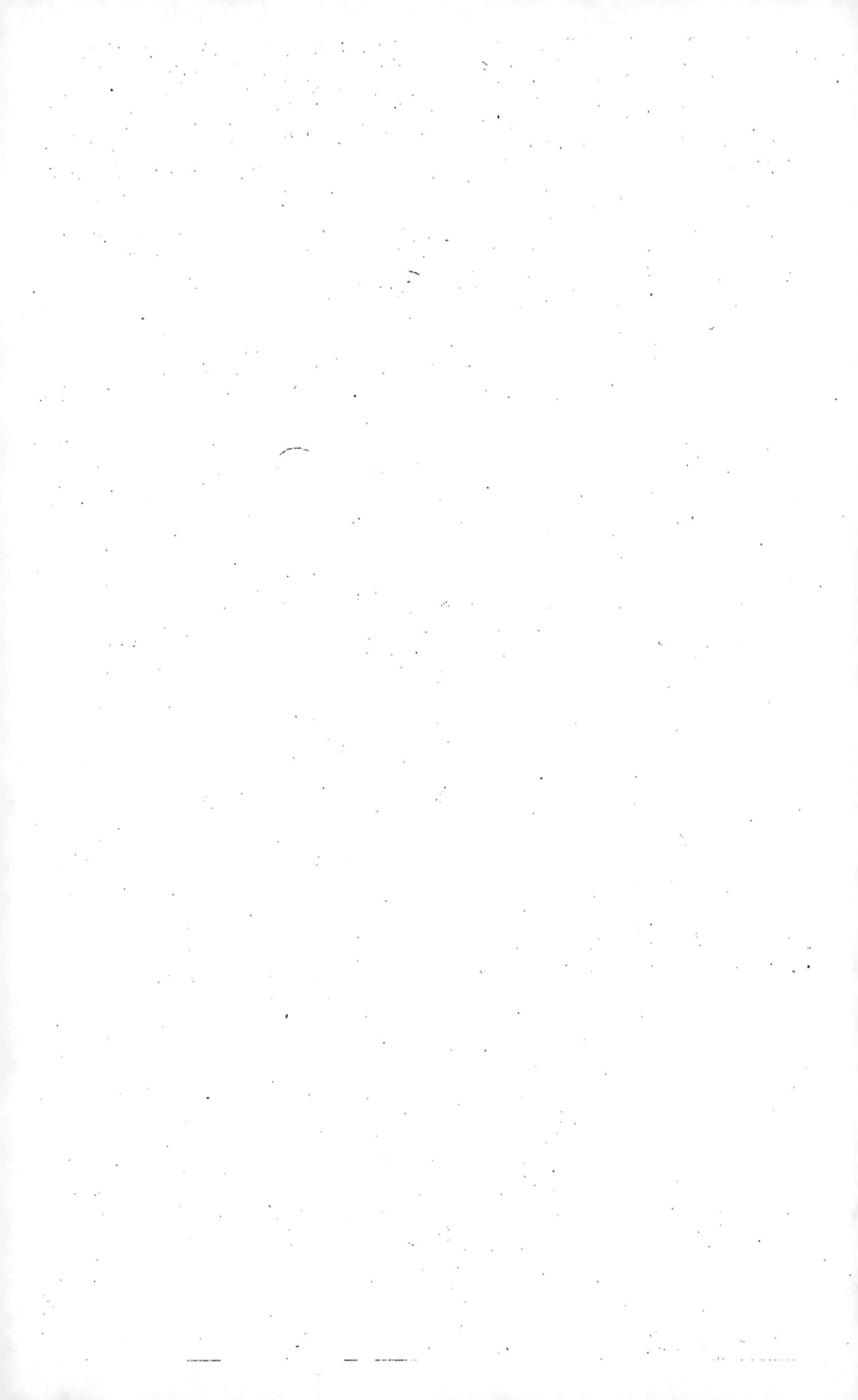

www.ingramcontent.com/pod-product-compliance
Lightning Source LLC
Chambersburg PA
CBHW071449200326
41519CB00019B/5672